A. Eder

Geschichte des Klosters Pielenhofen

A. Eder

Geschichte des Klosters Pielenhofen

ISBN/EAN: 9783743681323

Hergestellt in Europa, USA, Kanada, Australien, Japan

Cover: Foto ©Lupo / pixelio.de

Weitere Bücher finden Sie auf **www.hansebooks.com**

Geschichte des Kloſters Pielenhofen.

Nach Quellen bearbeitet

von

A. Eder,

kgl. bayr. Landrichter und Mitglied des hiſtoriſchen Vereins von Oberpfalz und
Regensburg.

Besonderer Abdruck aus den Verhandlungen des hiſtoriſchen Vereins
von Oberpfalz und Regensburg Band XXIII.

Regensburg.
Verlag von Alfred Coppenrath.
1865.

Uebersicht des Inhalts.

		Seite
	Vorwort	1
I.	Entstehung und Gründung des Klosters Pielenhofen	5
II.	Zugehörungen des Klosters	23
III.	Weitere Geschicke des Klosters und dessen Bestandtheile	29
IV.	Kloster Pielenhofen in der Zeit von der Reformation bis zur Säcularisation	61
V.	Die Wiedererstehung des Klosters Pielenhofen	62

Vorwort.

Die Erziehung der Jugend, der Geist, von welchem diese Erziehung geleitet wird, und darum die öffentlichen und Privatanstalten, welche sich die Bildung der Jugend zur Aufgabe machen, sind ein hochwichtiger Gegenstand der Fürsorge der Staatsregierung. Die unausgesetzten, erfolgreichen Bemühungen unserer bayerischen Staatsregierung, die Schulbildung zu fördern, und das Reich des Wissens jedem Stande nach seinem Bedürfnisse zu eröffnen und zu erweitern, verpflichten jeden Vaterlandsfreund zum wärmsten Danke. Nur dann, wenn Eltern und Jugend die unschätzbare Wohlthat einer guten Schulbildung erkennen und die gebotene Gelegenheit mit Eifer ergreifen, werden die in der Neuzeit gegebenen gesetzlichen, freiheitlichen Institutionen wahrhaft fruchtbringend wirken, der inneren Erkenntniß des Guten wird dann die Furcht vor der Strafe weichen, und das Gesetz wird von jedem Einzelnen aus eigenem Antriebe vermöge des erworbenen Bildungsgrades befolgt werden.

Eine bessere Zukunft ist aber wesentlich durch eine gute Erziehung der weiblichen Jugend bedingt, weil es ja die Mütter sind, welche die ersten Keime der Bildung und Gesittung in die Herzen der Kinder legen, so daß von diesen Grundlagen der ersten mütterlichen Erziehung und Pflege des Geistes und Herzens unendlich Vieles abhängt. Darum sind es denn auch die weiblichen Erziehungsanstalten, welche die Aufmerksamkeit jedes Gutgesinnten auf sich ziehen. Ich war so glücklich, eine solche Erziehungsanstalt, welche von den Ordensschwestern Salesianerinnen von der Heimsuchung Mariä zu Pielenhofen geleitet wird, kennen zu lernen, und habe die Ueberzeugung gewonnen, daß das Bestehen dieser Anstalt eine große Beruhigung für wohlgesinnte Eltern ist, welche mit vollem Vertrauen und ohne jede Sorge ihre Kinder diesem Institute überlassen dürfen. Bei dem großen Interesse, von welchem ich für das vaterländische Unterrichtswesen erfüllt bin, und Zeuge des vielen Segens, welchen das Erziehungsinstitut zu Pielenhofen verbreitet, habe ich es unternommen, mit Hilfe der mir zu Gebote gestandenen Quellen eine Geschichte des Klosters Pielenhofen zu schreiben, und glaube ich mit derselben den früheren, gegenwärtigen und künftigen Zöglingen des Institutes, sowie der Klostergemeinde selbst und den sämmtlichen Klöstern der Salesianerinen, sowie allen Gönnern und Freunden des Unterrichtswesens eine willkommene Erinnerungsgabe zu bieten. Möge Gottes Segen für und für auf jenem Institute und auf allen Jenen ruhen, denen das wahre Wohl des Vaterlandes, die religiöse und sittliche Bildung der Jugend am Herzen gelegen ist. Nur dann, wenn diese bessere Richtung wieder alle Stände durchdringt, wird die innere Ruhe in den Ländern dauernd wiederkehren, und Fürsten und Völker werden sich, von dem gemeinsamen Bande der durch Gottes Ordnung gegebenen Berechtigungen und Verpflichtungen gehalten, gleich glücklich fühlen!

Der Verfasser.

I.

Entstehung und Gründung des Klosters Pielenhofen.

Die erste Nachricht von dem Bestehen eines Klosters „Porta sanctae Mariae" des Cisterzienser-Ordens, gelegen in dem Bisthume Regensburg, findet sich in einer Bulle des Papstes Gregor IX. vom Jahre 1237, welche im königlichen allgemeinen Reichsarchive zu München hinterlegt ist. Der Papst nimmt in dieser Bulle die Frauen und Schwestern des Klosters in seinen besonderen Schutz, befreit das Kloster von aller Zehentabgabe und weltlicher Jurisdiction, und verordnet, daß daselbst die Regeln des heiligen Bernhardus, Cisterzienser-Ordens, wie sie dort gesetzt und gestiftet sind, für ewige Zeiten gehalten werden.

Dieser erste Nachweis über das Bestehen dieses Klosters führt uns zu der Ueberzeugung, daß dasselbe mit einem drei Jahre später — im Jahre 1240 in Pielenhofen auftauchenden identisch sei,*) weil ein zweites gleichnamiges Cisterzienser Frauenkloster im Bisthume Regensburg nicht bestanden hat; jedoch findet sich dieses Kloster von seinem Bestehen in Pielenhofen an nicht mehr unter dem Namen Porta, sondern Cenobium Sanctae Mariae, wie dieß aus der

---

*) Vergl. Reisach, Beschreibung des Herzogthums Neuburg und Sartori's verteutschtes Cisterzium.

Urkunde des Bischofs und kaiserlichen Kanzlers Sifrid von Regensburg vom 12. März 1240 deutlich hervorgeht.

Es ist mehrfach die Annahme hervorgetreten, und insbesondere auch in dem Kalender für katholische Christen für das Jahr 1861, dann in einem Aufsatze im Abendblatte Nr. 262 zur „Neuen Münchner Zeitung" vom 2. November 1858: „Von Laber nach Regensburg" ausgesprochen worden, daß dieses Kloster ursprünglich nicht in Pielenhofen, wohl aber in Mönchsrieb oder Pollenrieb gelegen gewesen sei.*)

Zur Würdigung jener Annahme erscheint zunächst von Bedeutung eine Urkunde des Bischofs Sifrid von Regensburg vom 2. Februar 1240, in welcher bekannt gegeben wird, daß der Ritter Ulrich von Pvelnhofen sein Gut (predium suum) in Pvelnhofen mit allen Zugehörungen und dem Patronatsrechte der Kirche daselbst, welches bisher ihm zustand, um 50 Pfunde Regensburger gebräuchliche Münze der Abtissin Irmgard und den Frauen des Cisterzienser-Ordens verkauft. Inhaltlich derselben Urkunde hat, damit jener Kaufvertrag eine größere Kraft bekomme, jener nämliche Ulrich im Einverständnisse mit seiner Ehegattin und mit seinen Kindern dieses Gut mit allen jenen Rechten, mit welchen er es selbst besessen hatte, in die Hände des bischöflichen Ministerialen Heinrich von Hohenwels resignirt, wonach es als freie Schenkung an die genannte Abtissin und ihren Convent übergehen soll. Nach einer weiteren Urkunde vom 10. März 1240 überträgt der Bischof von Regensburg und kaiserliche Kanzler Sifrid die Kirche Pielenhofen, welche er wohl nur deßwegen seine Kirche nennt, weil sie in seiner Diözese gelegen ist, den Frauen des Cisterzienser Ordens, um daselbst zur Ehre Gottes und

---

*) Vergl. Reisach, historische Beschreibung von Pfalz-Neuburg.

der heiligen Maria, der Mutter Jesu Christi, ein Kloster zu gründen, und wird den Klosterfrauen zur Pflicht gemacht, daselbst einen ständigen Vikar aufzustellen, der von den Bischöfen, Sifrid's Nachfolgern, die Ermächtigung zur Ausübung der Seelsorge erhalten und dem ihm anvertrauten Volke die Sakramente der Kirche treu spenden soll. In der vorerwähnten Urkunde vom 2. Februar 1240 ist, wie in der päpstlichen Bulle vom Jahre 1237, die Rede von einem Cisterzienser-Frauenkloster im Bisthume Regensburg, und zwar von einem bereits in Pielenhofen bestehenden, welchem schon eine Abtissin — Irmigard — vorstand, und dessenungeachtet geschahen die erwähnten Besitzerwerbungen zum Zwecke der Gründung eines Klosters zu Pielenhofen, ein Widerspruch, welcher näher in's Auge zu fassen ist.

Dieses Kloster kommt schon im Jahre 1237 in der mehrerwähnten päpstlichen Bulle, jedoch unter dem Namen Porta sanctae Mariae vor, während es in der Urkunde des Bischofs Sifrid vom 12. März 1240 heißt, daß es zur Ehre Gottes und der heiligen Jungfrau Maria gegründet werde. Der Name Porta kommt in keiner andern Urkunde mehr vor, weshalb es wahrscheinlich ist, daß diese Benennung Porta mehr ein Projekt, und das Kloster im Werden begriffen war. Die Urkunde vom 12. März 1240 veröffentlicht wohl nur eine bereits geschehene Thatsache, und bezieht sich auf die schon erwähnte Urkunde vom 2. Februar 1240, gemäß welcher Ritter Ulrich von Pielenhofen dem Kloster daselbst sein Gut verkauft, und ist hier besonders hervorzuheben, daß in der Urkunde vom 2. Februar 1240 ausdrücklich am Schlusse erwähnt ist, sie sei zur Vermeidung jedes Irrthums unterzeichnet von den Zeugen, welche persönlich sowohl bei der ersten Schenkung, als bei der von dem Bischofe geschehenen Publikation derselben zugegen waren. Unter diesen Zeugen steht obenan Ulrich von Dornberg, welcher im Jahre 1224 als Domherr zu Regensburg, im Jahre 1235 als

Propst des Collegiatstiftes St. Johann in Regensburg erscheint und im Jahre 1263 als Domherr starb.*)

Hiernach hat das Kloster bereits bestanden, ehe diese Urkunden ausgefertigt wurden, und es ist wohl kein Zweifel darüber, daß, wenn das Kloster an einem andern Orte, allenfalls in Pollenried oder Mönchsried seinen Sitz gehabt hätte, doch dieser Ort in der Urkunde auch genannt worden wäre. Ebensowenig ist in einer dieser Urkunden von einer Versetzung eines anderen Klosters nach Pielenhofen die Rede, und es dürfte demnach anzunehmen sein, daß das Kloster schon ursprünglich seinen Sitz in Pielenhofen hatte. Nach einer Lesart (nach Superior Scheppich) wäre der Bauernhof in Mönchsried, um welchen sich heute noch die Ueberreste einer Ringmauer zeigen, das ursprüngliche Frauenkloster der Bernhardinerinen gewesen, und soll sich Mönchsried in einem sehr baufälligen Zustande befunden haben, was einen Burggrafen von Regensburg veranlaßte, den Nonnen auf ihr bringendes Bitten hin sein Jagdschloß zu Pielenhofen zu schenken, während nach anderer Meinung Pollenried der Sitz des Klosters gewesen wäre. Indem wir bereits dargethan haben, daß unzweifelhaft das Kloster schon ursprünglich seinen Sitz in Pielenhofen hatte, möchten gleichwohl noch einige Bemerkungen über Mönchsried und Pollenried hier am Platze sein. Mit der Annahme, daß in die Zeit von 1237 bis 1240 die Gründung des Klosters Pielenhofen fällt, erscheint natürlich auch die oben erwähnte Erzählung des Superiors Scheppich unbegründet, denn mit dem Absterben Friedrich's († 1180) und Heinrichs IV. († 1185) hörten jene Burggrafen auf und kam die Burggrafschaft an Herzog Ludwig. In Reisach's topographischer Beschreibung des Herzogthums Neuburg kommt vor, daß an der Stelle, wo nun der Ort Pielenhofen

---

*) Vgl. Ried cod. I. nr. 358, 494, 495. Mayer thes nov. IV. 232.

steht, ein einfaches Jagdschloß gestanden sei. Zur Widerlegung dieser Angabe verweisen wir einfach auf das Schenkungsbuch des Klosters Obermünster, nach welchem schon um die Zeit von 1040 bis 1068 Pielenhofen ein für die damaligen Verhältnisse nicht unbedeutender Ort war.

Daß in Mönchsried der Sitz des Klosters nicht war, ist bereits dargethan, es besteht aber hiefür noch ein weiterer Beweis. Der Bischof Albert von Regensburg benennt in einer Urkunde vom 8. Januar 1243 ausdrücklich die Stätte der heiligen Jungfrau in „Pielenhofen."

Im Jahre 1244 werden dem Cisterzienserkloster die Besitzungen Loch und Schönenhaim vermacht.

Hademar von Laber schenkte im Jahre 1252 — also mehr als ein Decennium nach Gründung des Klosters — dem Kloster Pielenhofen die Klostervogtei Monechrivte (Münchsreuth oder Münchsried) mit Waldung und einer Wiese im Hunrab. In einer Urkunde vom 25. April 1256 schenkt Chunradus de Ernfels dem Kloster der heiligen Jungfrau in Pielenhofen sein „Tettenhofen"; dann in einer weiteren Urkunde vom 11. Februar 1262 des Abtes Wernherus und des Conventes von Prüfening werden in Beziehung auf die Urkunde vom 8. Januar 1243 Differenzen zwischen dem benannten Abte und Convente einerseits und Chunrad de Hohenvelse anderseits beigelegt, sowie eine Urkunde vom 7. Februar 1264 den Verkauf von „Etenhart" an den Convent des Klosters der heil. Maria in Bulnhoven nachweist und eine weitere Urkunde vom 28. März 1264 den Verkauf von „Pfraundorf" an die Abtissin in Pulnhoven enthält. Im Jahre 1265 verpachtet das Schottenkloster in Regensburg die Nutznießung der Güter in Monechrivte an das Kloster Pielenhofen. Nach Urkunde vom 3. Mai 1268 verkauft Hadmarus von Laber dem Convente der Frauen in Pielenhofen des Cisterzienser-Ordens sein Besitzthum in Altmanshof; ferner nach Urkunde vom 21. Dezember 1268 verkauft Wernherus von Egelsee an die Abtissin in Pielenhofen seine Besitzungen an dem Hofe und Gundelprechzhoven; unter'm 21. März 1270 verkauft der Abt von Walrbach an das Kloster Pielenhofen Polzhausen und eine Urkunde vom 6. April 1270 bestätigt neuerdings diesen Kauf. Nach einer Urkunde vom 5. Februar 1271 erhalten Abtissin Mechtildis und Convent von Pielenhofen einen Weinberg in Hochdorf, und nach Schenkung vom 19. September 1271 erhalten die Frauen in Pielenhofen das Besitzthum des Konrad von Parsberg in Moosheim.

Unterm 8. März 1275 erhält Abtissin und Convent des Cisterzienser = Ordens zu Pielenhofen von Habamar von Laber seine Besitzungen in „Winzzingen", und unter'm 30. Juli 1277 das Gütchen in Möthersdorf, ferner durch eine letztwillige Verfügung des Chunrad von Hohenfels um das Jahr 1277 Albrichohoven, Holzheim ɾc., nach Urkunde vom 25. Februar 1278 von Chunrad von Lupurg den Hof in Mausheim, sowie eine weitere Urkunde vom 5. April 1279 den Inhalt der Urkunde vom 8. März 1275 bestätigt.

Im Jahre 1278 schenkt ferner Hugo von Leonek der Abtissin Mechthildis in Pielenhofen sein Gut in Rittendorf, und im Jahre 1280 schenkt Chunrad Poller, Bürger in Regensburg, der Kirche in Puelnhoven Güter in Pekfelstein. Gemäß Urkunde vom 10. Februar 1280 verkauft Chunrad von Hohenvels zwei Weinberge in Sulzbach am Hohelperg an die Abtissin von Pielenhofen, sowie im nämlichen Jahre die Abtissin Elisabeth von Bulnhoven die Hofstatt zu Kruckenberg und die dazu gehörigen Aecker gegen das Kiesenholz einwechselt, und am 24. Mai 1281 verkauft Habemar von Laber seine Besitzungen in „Pruenne" an die Frauen der Kirche zur heil. Maria in Puelnhoven, und unterm 24. April 1283 verkauft das Kloster St. Jacob in Regensburg an die Abtissin in Puelnhofen die Güter in Mynichrit, in Chanstein und in Windin, sowie nach Urkunde vom 9. Juli 1283 Chunrad von Ehrnvels dem Kloster Puelnhofen seinen Hof in Albrechtshofen überträgt und schenkt.

Es ist nach allen diesen Urkunden nicht denkbar, daß das Kloster ehedem in Mönchsried war; die Klostervogtei hatte ein anderer Herr, und ebenso die Güter ein anderes Kloster, in deren Besitz das Kloster Pielenhofen erst einige Zeit nach seiner Gründung kam.

Ebensowenig als Mönchsried kann Pollenried der Entstehungsort des Klosters Pielenhofen sein; doch war in Pollenried ein Spital oder Kloster, welches zu dem Kloster Pielenhofen in Beziehungen stand, welche, wenn nicht schon oben das Gegentheil nachgewiesen wäre, die Vermuthung auftauchen ließen, das Kloster Pollenried sei nach Pielenhofen versetzt worden. Im Jahre 1224 am 30. November*) beurkunden Conrad (von Frontenhausen), Bischof zu Regensburg und Ludwig, Pfalzgraf bei Rhein und Herzog in Bayern, daß Ritter Konrad von Hohenfels in Pulenrivte ein Landgut rc. im Bezirke der Pfarrei Tivrlingen und in Bezahlung des Zehenten und bezüglich der geistlichen Gerichtsbarkeit den Pfarrern dieses Orts pflichtig, dann im Orte Tivrlingen ein Reichslehen besitze; bezüglich des ersteren wünscht er, — da er hierauf ein Spital zu gründen beschlossen hatte, die Befreiung von aller Jurisdiktion gegen die Pfarrei Deuerlingen, die letzteren aber gab er an das Reich zurück, bewirkend, daß ihm der römische König Heinrich dieselben als freies Eigenthum wieder zurückstellte. Dieses nunmehr vom Reichslehenverbande befreite Gut mit Hofraum und Aeckern und allem Zugehör, mit Ausnahme der Wiesen, welche er für das Spital in Pulenrivte zurückbehielt, schenkte dieser Konrad von Hohenfels für immer der Kirche in Tivrlingen gegen Austausch und Befreiung aller Rechte und Verpflichtungen, welche

---

*) Reg. boica II, S. 146 und Falkenstein Antiq. Nordgav. Eichst. II. p. 92.

diese Kirche auf den Gütern in Pollenried hatte. Weil aber die Kirche in Deuerling dem Hochstifte sowohl, als auch dem Herzogthume Bayern unterworfen war, dem ersteren in geistlicher Beziehung, dem letzteren als weltliche Schutzmacht, und ohne Genehmigung Beider dieser Tausch nicht zu Recht bestehen konnte, so entsagte der Pfarrer dieses Ortes — genannt Poto — mit Zustimmung der beiden oberherrlichen Stellen jeglicher Jurisdiction über dieses Gut Pulenrivte.

Während der Gründung des Klosters geben am 10. März 1240 — oder vielmehr, während die Gründung desselben dokumentirt ward, die Gründung geschah schon einige Zeit vorher — die Brüder Conrad und Heinrich von Hohenfels ihren Ort, genannt Volnrevt, mit allen Zugehörungen, von aller Jurisdiction frei, den Frauen in Bvelnhofen zurück. Durch eine weitere Urkunde vom 10. Februar 1237 wird uns plötzlich ein Kloster in Pollenried vorgeführt. Weinhard von Uttendorf — derselbe war in diesem Jahre und zwar einige Monate später in Neuhausen unterhalb Regensburg, also eben in dieser Gegend anwesend — im Gefolge Herzog Otto's, beurkundet nämlich, daß Frau Agnes — die Mutter seiner Gattin Agnes — nachdem sie den Schleier genommen hatte, gewisse Güter, in dem Dorfe Schazhofen gelegen, nämlich einen Hof, Pachhof, und einen Hof, Osterhof genannt, dem Kloster in Volnrivt, welches durch sie einen glücklichen Anfang nahm, geschenkt habe, welcher Schenkung er seine Bestätigung ertheile, wobei er auf alle Ansprüche verzichte.

Hiemit steht noch eine weitere Urkunde in Verbindung. Nämlich im Jahre 1350 am 25. September erhält Heinrich v. Enchendorf und seine Hausfrau und Erben von dem Kloster Puelnhofen und der Abtissin Frau Agnes des Klosters eigenen Hof „der da gelegen ist daz Schazhofen und genannt ist der Osterhof," als ein Freyseßengut verliehen.

---

*) Quellen z. bayer. Geschichte Bd. V. S. 35.

Dieser Osterhof war im Jahre 1237 im Besitze des Klosters Pollenried, jetzt erscheint er plötzlich im Besitze von Pielenhofen. Ebenso findet sich, daß die Erben des Conrad von Hohenfels, Conrad und Heinrich, im Jahre 1240 das Gut Pollenried dem Kloster Pielenhofen zurückgeben, während dasselbe im Jahre 1224 für das projectirte Spital bestimmt ward.

Hieraus geht klar ein gewisses Verhältniß hervor, welches zwischen dem Kloster Pollenried und Pielenhofen bestanden haben muß. Bernhardinerinen aus dem Kloster Pielenhofen hatten zu Pollenried ein Spital zu besorgen, welchem aber nur wenige Frauen vorstanden.*) Es scheint demnach das projectirte Spital oder Kloster zu Pollenried dem Kloster zu Pielenhofen untergeordnet gewesen zu sein, weil, wie erwähnt, die Güter von Pollenried in den Besitz des Klosters zu Pielenhofen kamen, und weil mit der Gründung des Klosters zu Pielenhofen von dem Bestehen eines Spitals oder Klosters in Pollenried nichts mehr zu finden ist. Das Spital zu Pollenried hat demnach jedenfalls gegen das Jahr 1240 nicht mehr bestanden. Wie bemerkt, verdankt das Kloster Pielenhofen seine Gründung der Zeit von 1237 bis 1240. Das Vorhaben Conrad's von Hohenfels scheint um eben diese Zeit — 1237 — durch Frau Agnes, Schwiegermutter des Wrenhard von Uttendorf, wahrscheinlich der Ehegattin des Conrad von Hohenfels, realisirt und das Kloster oder Spital zu Pollenried den Klosterfrauen zu Pielenhofen übertragen worden zu sein, welche aber bald darauf dieß ihr Klösterlein, welches die Siechenpflege zum Stiftungszwecke hatte, an sich gezogen haben mögen. Hier liegt aber der Gedanke nahe, daß die Hohenfelser mit dieser Centralisirung anfänglich nicht einverstanden waren, ihre Güter wieder zurückzogen, aber bald darauf wieder zurückstellten. Für

---

*) Neue Münchener Zeitung vom Jahre 1858 Nr. 262: „Von Laber nach Regensburg."

diese Ansicht spricht die Thatsache, daß Kloster Pollenried in engster Verbindung mit Kloster Pielenhofen stand, und der Umstand, daß Kloster Pielenhofen die Verpflichtung hatte, eine „Syechen-Anstalt" innerhalb der Klostermauern zu unterhalten, welche Verpflichtung zweifelsohne von dem ursprünglichen Stiftungszwecke des Klosters oder Spitals in Pollenried hergeleitet werden muß. An diese Erörterung über die Entstehung des Klosters Pielenhofen reiht sich unmittelbar die Frage an, wer die Gründer desselben waren.

Bekanntlich war der mächtige Cisterzienser-Orden stets darauf bedacht, sich durch Gründung neuer Klöster mehr und mehr auszubreiten. Unter diesen Cisterzienser-Klöstern war das im Jahre 1132 von den Grafen von Lechsgmünd gestiftete Kloster Kaisheim in deutschen Landen eines der reichsten, und demselben war das Kloster Pielenhofen untergeordnet. Daraus geht hervor, daß Kloster Kaisheim an der Gründung des Klosters Pielenhofen wesentlichen Antheil hatte; es ist aber außerdem die Urkunde vom 12. März 1240, welche eine direkte Betheiligung an der Gründung entnehmen läßt, daher die Annahme nahe liegt, daß zur Gründung des Klosters Pielenhofen das reiche Cisterzienser-Kloster Kaisheim die erste Anregung gegeben hat. Diese Betheiligung läßt sich daraus folgern, daß die Publication des Gründungsactes, in Gegenwart des Abtes Richard, Priors Cunrad und Bruders Hartmann, sämmtlich von Kaisheim, geschah, welche wahrscheinlich in Pielenhofen oder Regensburg zu dem Zwecke sich aufhielten, um die fragliche Gründung in unmittelbarer Nähe leiten und überwachen zu können. Die im Nordgau seßhaften adeligen Geschlechter wirkten kräftig mit, wie denn seit den ältesten Zeiten der Adel in Förderung alles Guten sich auszeichnend hervorgethan hat und heute noch in seinen hervorragendsten Familien Religion und Recht mit gewissenhafter Treue gepflegt werden, und es ein Versinken in längst überwundene rohere Begriffe ist, wenn in diesen unsern Tagen nicht selten eine gewiſſe Stärke in der Verhöhnung des Adels und ſeiner Rechte gefunden werden will. Ein im Kloſtergarten zu Pielenhofen noch heute befindlicher Gedenkſtein gibt zu entnehmen, daß die Geſchlechter Hohenfels und von Ernfels, welche einerlei Wappen führen, und von der nämlichen Familie abſtammen ſollen, ihr Begräbniß daſelbſt hatten, und Stifter des Kloſters waren. Auſſerdem gibt auch die Schenkungs-Urkunde vom 23. Mai 1310, gemäß welcher Heinrich von Ernfels dem Kloſter Puellenhoven den Kirchenſatz zu Weſenacker ſchenkt, zu entnehmen, daß er ſich und ſeine Vorvordern die Stifter des Kloſters nennt. Conrad und Heinrich von Hohenfels geben dem Kloſter im Jahre 1240 ihr Landgut Pullenried zurück; überhaupt ſtehen die Hohenfelſer und Ernfelſer zu dem Kloſter ſchon mit dem Entſtehen deſſelben in engſter Beziehung, und zeichnen ſich als die vorzüglichſten Wohlthäter deſſelben aus. Es iſt ſohin anzunehmen, daß von dem Kloſter Kaisheim zwar die Gründung des Kloſters Pielenhofen ausgegangen iſt, daß aber der nordgauiſche Adel und insbeſonders die Hohenfelſer und Ernfelſer, dann die von Löweneck, Laber, Parsperg, Leuzmann von Luzmanſtein, Egelſee, Hofdorf, Frikenhofen, Luppurg, Loter von Schawenſtein, Mura, Haibau, Zanten, Hals, Schirling, Truchſeß von Hailsperg, Rordorf, Auer ꝛc. ꝛc. durch Schenkungen und billige Kaufsabtretungen den Fortbeſtand des Kloſters Pielenhofen ermöglichet haben, daß demnach das Kloſter in Pollenried, vielmehr deſſen Beſitzungen gleichſam den Stock für das in Pielenhofen errichtete Ciſterzienſer-Kloſter gebildet haben, und demnach die Hohenfelſer und die Agnes, Schwiegermutter des von Uttendorf, höchſt wahrſcheinlich eine geborne von Hohenfels, als die erſten Stifter des Kloſters Pielenhofen anzuſehen ſind.

Weil nun die Hohenfelſer und Ehrnfelſer als die vorzüglichſten Wohlthäter unſeres Kloſters Pielenhofen erſcheinen, und die von Löweneck von beſonderem Intereſſe ſind, da ſie in der nächst Pielenhofen gelegenen Burg Löweneck hausten, so wollen wir hier Einiges aus der Genealogie dieser Familien, soweit die Quellen reichen, einschalten, wobei sich nicht verkennen läßt, daß die Geschlechter Hohenfels und Ehrnfels schwer auszuscheiden sind, weil sie fast sämmtlich die Taufnamen Conrad und Heinrich führen.

Die Herren von Hohenfels zu Hohenfels, Helfenberg, Falkenstein, Pollenried, dann in Altenthan, Schopfloch, Schönberg, Teuerlingen, Sengersberg ꝛc. begütert, hatten mit den von Ehrnfels ein gemeinschaftliches Wappen, wie sie auch eines Geschlechtes zu sein scheinen und gemeinschaftlich in Pielenhofen ruhen. Das Wappen hat sieben zusammenhängende silberne Rauten 3, 3, 1 im rothen Schild. Das Stammschloß Hohenfels liegt unweit Regensburg, versteckt in einem Kesselthale, und eine Abhandlung über das Geschlecht der Hohenfelser im neunten Bande der Verhandlungen des historischen Vereines von Oberpfalz und Regensburg (Regensburg, 1845) aus der Feder des damaligen praktischen Arztes Dr. med. Wilh. Brenner-Schäffer, dermaligen Gerichtsarztes zu Neustadt a. d. W. N. erwähnt eines Bischofes von Regensburg aus dem Geschlechte Hohenfels im Jahre 936, und stützt sich der genannte Autor auf Paricius in seinem Verzeichnisse der Bischöfe unter Nr. XI mit den Worten: „Wenn dem Register der Bischöfe dieser Zeit Glauben geschenkt werden darf, so hat Conrad von Hohenfels im Jahre 936 die bischöfliche Würde, jedoch nur sechs Monate lang bekleidet."
Der Schematismus der Geistlichkeit des Bisthums Regensburg für das Jahr 1862 benennt uns übrigens für die Jahre 930 bis 940 als Bischof von Regensburg Isangrim, dann Gunthar 940, Michael 940 bis 972, worauf Wolfgang der Heilige in den Jahren 972 bis 994 folgte ꝛc. In der erwähnten Abhandlung des neunten Bandes der Verhandlungen des historischen Vereines zu Regensburg ist die Annahme ausgesprochen, daß wahrscheinlich, wie die Grafen von

Luppurg und Velburg, auch jener Graf Conrad von Hohenfels ein Riedenburger Sproße war, und ist bemerkt, daß dieser erste Hohenfelser nur als eine vorübergehende Erscheinung gefunden werde, und nach ihm wieder eine fast ein Jahrhundert dauernde Lücke eintrete. Die mit Kloster Pielenhofen zusammenhängenden Namen dieses Geschlechts hießen Ritter — milites —, aber auch bischöfliche Ministerialen. Conrad (I.) von Hohenfels, Ritter — miles —, beabsichtigt im Jahre 1224 in Pollenried ein Spital zu gründen. Im Jahre 1232 erhielt der nämliche Conrad von Bischof Siegfried von Sallern das Schloß zu Helfenberg zu Lehen, und wird Conrad bei diesem Anlasse ein Ministeriale des Bischofs genannt. Im Jahre 1240 geben Conrad (II.) und Heinrich von Hohenfels, wahrscheinlich des Vorigen Söhne, dem Kloster Pielenhofen den Ort Pollenried (Bulnrevt) zurück. Conrad (II.) folgte im Jahre 1226 auf Conrad von Frontenhausen, war Cantor in Mainz und ein Bruder des Rheingrafen, genannt von Stein. Conrad's Gemahlin war Hädwig.

Im Jahre 1256 treffen wir wieder einen Conrad (vielleicht den Kaisermörder), dessen Mutter Hädwig war. Derselbe hatte einen Sohn und eine Tochter, ersterer schenkt dem Kloster Pielenhofen zum Seelentheile seiner Eltern in der schon erwähnten Urkunde vom 25. April 1256 das Gut Tettenhofen, während Conrad's Tochter mit seiner Zustimmung den Hof in Anzenhofen dem Kloster gibt, und schenkt dann letzterem noch im Jahre 1277 das „Mutherstorf" und ein dazu gehöriges Holz, wie in der oben gedachten Urkunde vom 30. Juli 1277 enthalten ist. Ein Conrad (III.) von Hohenvels, dessen Gemahlin eine geborne von Schlüsselfeld war, überträgt im Jahre 1280 dem Kloster die Weingärten am Hohelberg zu Sulzbach, wie schon oben die Urkunde vom 10. Februar 1280 enthält. Unterm 7. März 1286 dotirt er dasselbe mit einer Hube im Dorfe Schönhaim. Wir haben vorhin jenem Conrad den Namen eines Kaisermörders beigegeben. Es knüpft sich nämlich an diesen Namen Conrad im Geschlechte der von Hohenfels ein Ereigniß, welches im Jahre 1250 im Kloster St. Emmeram in Regensburg geschehen ist, und in dem Regensburger Mausoleum, betitelt: „Ratisbona monastica. Klösterliches Regensburg. Erster Theil. Oder Mausoleum, Herrliches Grab des bayerischen Apostels und Blutzeugen St. Emmeramis" ꝛc. (Regensburg 1752) wörtlich also erzählt wird:

„Anno 1250 starb Kaiser Friedrich in Apulia. Sein Sohn König Conrad und Otto Herzog in Bayern überzogen den Bischof Albertum und seinen Anhang, machten die gefangenen Bürger wieder ledig, ruinirten Conradum von Hohenfels, als des Bischofs Geheimsten, kamen hernach allher gegen Regensburg. Der König nahm nach seiner Gewohnheit das Quartier in unserem Kloster, und celebrirte die Weihnacht-Feiertage allba. Am Feste der unschuldigen Kinder, als sich der von Hohenfels inmittels heimlich in die Stadt gemacht und mit anderen, vom Bischof verordneten Conspiranten, mit Wissen und Willen Abten Ulrichs, sich in unserem Kloster verborgen, sind sie nächtlicher Weile dem Kaiser Conrad in seine Schlafkammer gefallen, denselben aufzureiben. Es vermerkte aber vorher Friedrich von Euerhalmb diese Nachstellung, bat den Kaiser, er solle sich verbergen, er aber legte sich in des Kaisers Bett, und wurde darin von den ankommenden Mördern in der Finsterniß neben einem andern Kammerdiener (einige wollen sechs) niedergemacht.

Der Kaiser verzehrte die übrige Zeit der Nacht mit Furcht, hielt des andern Tags Recht, und erklärte den Bischof, Abt und unser ganzes Convent in die Acht. Es wurde gleich alles Preis, der silberne Altar (Hochwardus schreibt, er sei von Gold gewesen und habe gewogen 67 Mark: solle selben tempore S. Heinrici Imperat. B. Ramvaldus haben machen lassen) wurde zum Raub, fünfhundert der besten Bücher kamen hinweg, die Privilegia wurden kassirt, und der Abt entsetzt.

Den Ort, wo diese Mordthat geschehen, verordnete der Kaiser zu einer Kapelle der Mutter Gottes, und S. Nicolao zu weihen, mit einem täglichen Meßopfer. Der Bischof wurde abgesetzt, floh nach Böhmen. Conrad von Hohenfels salvirt sich zwar mit der Flucht, und entging der kaiserlichen Wachstellung, fiel aber in Gottes Hand und wurde vom Donner erschlagen. Nach Hochwarti Meinung war dieses aus göttlichem Eifer geschehen, um Willen der Kaiser die Kirchen also bespektirte, und sowohl die Dom- als St. Emmeramskirche zu Roßställen machte. Damaligen Convents Entschuldigung fand auch Platz bei dem Kaiser, daher die Acht aufgehoben, guter Theil abgenommener Güter restituirt, die Privilegia von Neuem confirmirt, und Jedermann allda in die Kaiserliche Gnad wieder aufgenommen worden, wie die noch vorhandenen Briefe weisen, unterm dato 1251 (vide Diploma Conradi Romanorum Regis). Gleichwie es nun unserem Kloster übel ergangen, also hat auch der ganze Clerus wegen des Bischofs leiden müssen, und nicht allein vom Kaiser und seinem Comitat, sondern auch von dem Magistrat und Bürgerschaft (welche der Bischof als kaiserliche Favoriten verfolgte), also zwar, daß viele Canonici weichen müssen und ihre Stifte verlassen. Es ist aber selbiges Jahr noch ein Vertrag zwischen dem Clerus und gemeiner Stadt aufgerichtet worden, welcher begreift, und dahin schließt, daß die Geistlichen alle Injurien sollten vergessen, und zugefügte Schaden schwinden lassen, ausser es habe einer eine Particularforderung. Entgegen sollen die Geistlichen nicht allein vorige und alte Freiheit, Recht und Gerechtigkeit gaubiren, sondern der Magistrat wolle und solle sie dabei manuteniren und wie ihre eigene Recht und Freiheit beschützen. Das geschah anno 1251 den 29. Juli unter Heinrico, Dombechant und Friderico, Bürgermeister."

Im Jahre 1310 stiftet Cunrad (IV.) von Hohenfels und Adelheid, dessen Gemahlin, für seine Eltern einen Jahrtag und gibt hiezu einen Weinzehent „das Wisent und die Mühle zu

Lauf." Heinrich I., gleichfalls wie obiger Conrad IV., Sohn Conrad III. ist mit seiner Gemahlin Cunegunt Mitstifter jenes Jahrtages. Dann finden wir im Jahre 1310 Albrecht, ebenfalls Sohn Conrad's III., 1310 Reiß, Sohn Conrads IV., 1310 Heinrich II., Sohn obigen Heinrichs, 1310 Osana, Tochter Heinrichs I., 1310 Conrad V., wahrscheinlich Sohn Conrads IV. Dieser ist Zeuge der obigen Jahrtagsstiftung, starb im Jahre 1342, liegt in Pielenhofen begraben. Elspet ist seine Gemahlin.

Im Jahre 1360 stiftet Albrecht, Sohn Conrads V. für seine Eltern einen ewigen Jahrtag und gibt hiezu einen Hof in „Wussersberg".

Im Jahre 1390 finden wir einen Ulrich von Hohenfels, vielleicht Sohn des Vorigen.

Das Geschlecht von Ehrnfels hatte sein Stammschloß gleichen Namens bei Beratzhausen. In den Kloster-Urkunden kommen vor in den Jahren 1281, 1283, 1285 Cunrad (I.) von Ehrnfels und dessen Gemahlin Osana, (derselbe schenkt dem Kloster seinen Hof in Albrechtshofen), dann in den Jahren 1281, 1291, 1299 und 1300 Cunrad (II.) Propst zu St. Johann, Sohn des Vorigen, welcher dem Kloster einen Hof zu Pettenhofen schenkt, dann in den Jahren 1281, 1285, 1291 Cunrad (III.), Sohn Conrad I, Pfarrer in Wiesenacker, später Domherr in Regensburg. In den Jahren 1281, 1283, 1285, 1289, 1291, 1299 und 1300 finden wir Heinrich I., Ritter, welcher an die Aebtissin in Pielenhofen sein Eigen Haitzenhofen und Burhofen ꝛc. verkauft, im Jahre 1304 verstarb und in Pielenhofen begraben liegt, dann in den Jahren 1281 und 1291 Cunrad junior, 1305 Heinrich senior (II.?), gesessen zu Helffenberg, und Adelheid, dessen Gemahlin; derselbe verzichtet in den Jahren auf das Gut Pulach zu Gunsten des Klosters, verkauft mit seinem Bruder Cunrad V. in denselben Jahren zwei Höfe zu Rechperg an das Kloster, schenkt dem Kloster das Dorf Lengenfeld im Jahre 1332 und den Kirchensatz zu Wisenacker im Jahre 1344. Cunrad V. starb im Jahre 1349 und ruht in Pielenhofen.

In dem Jahre 1343 schenkt Cunrad VI. (jüngere) dem Kloster zwei Güter zu Mausheim, im Jahre 1346 die Nutzleinsmühle. Im Jahre 1387 finden wir einen Cunrad VI., welcher dem Kloster im Jahre 1390 die Kirche zu Utzenhofen schenkt und im Jahre 1396 beim Turniere in Regensburg war. Mit diesem Conrad scheint das ansehnliche Geschlecht erloschen; die von Stauf erhielten dessen Güter.

Oben haben wir auch des Geschlechtes der von Löweneck Erwähnung gethan. Beiläufig eine halbe Stunde südlich von Pielenhofen entfernt, in der Nähe von Penk stand die Burg Löweneck. Der Graben, der diesen Rittersitz auf der westlichen Seite umgab, während derselbe auf den drei anderen Seiten durch steile Felsen geschützt war, ist heute noch sichtbar. Zweifelsohne war hier das Thor mit einer Zugbrücke. Bei geschehenen Nachgrabungen wurde der Schloßbrunnen aufgefunden und größtentheils ausgeräumt. Hierbei kam viel verkohltes Holz zum Vorschein, woraus sich annehmen läßt, daß dieses Schloß ein Raub der Flammen wurde, indem Kaiser Ludwig diese Burg, wahrscheinlich wegen Landfriedensbruch, zerstörte, und von Herrieden aus unterm 3. März 1316 den Befehl gab, dieselbe nicht mehr aufzubauen. Diese Maßregel geschah gegenüber denen von Parsberg, welche um die Zeit von 1312—1323 im Besitze dieser Burg resp. Burgstalls waren, und mochte zu Gunsten des Klosters vorgekehrt worden sein, welches von den Besitzern dieser Burg zu leiden haben mochte, was daraus hervorgeht, daß die Klosterfrauen veranlaßt waren, bei den Herzogen Rudolf und Ludwig sich die Zusage auszuwirken, daß nach dem Tode des Leoned's die Burg abgebrochen werden solle, wie dieß eine Urkunde vom 31. Mai 1309 darthut. Vor den Parsbergern waren die von Löweneck im Besitze dieser ihrer Stammburg. Hugo von Löweneck gibt im Jahre 1278 den Klosterfrauen in Pielenhofen sein Gut Rittendorf gegen eine ausbedungene Rückkaufs-Summe von 50 Pfund Regensburger Pfennigen, und ist für allenfallsige Eigenthumsbeschränkungen als Pfand der Wald Chobl eingesetzt. Nach dieser Dotations-Urkunde hatte Hugo eine Tochter Namens Jota, Klosterfrau zu Pielenhofen, und zwei Söhne, Eckhard und Friedrich. Im Jahre 1297 vertauscht ersterer an die Deutsch-Ordens-Commende in Regensburg seinen Garten in Ort gegen das Gut zu Penk; im Jahre 1309 verzichten die Verwandten desselben, Rublant von Göttingen ꝛc. auf alle Ansprüche dieses Gutes (wozu der Berg gehört, auf welchem die Burg steht), welche sie von ihrer Muhme, Frau Gertraut des Haugen Gattin, ableiten. Eckhart von Löweneck scheint mit dem Kloster Pielenhofen in Unterhandlungen wegen Verkaufs seiner Burg und Güter gestanden zu sein, da derselbe sich von Herzog Stephan unterm 30. November 1306 als sein Diener die Erlaubniß auswirkte, dieselben an das Kloster Pielenhofen, oder an wen er will, verkaufen zu dürfen. Derselbe verkaufte seine Burg zu Löweneck und Dorf Penk im Jahre 1312 nicht an das Kloster, sondern an Dietrich von Parsberg, der sie wieder mit Einwilligung seiner nächsten Verwandten im Jahre 1323 — jedoch die Burg nur mehr als Burgstall — mit zwei Fischweiden in diesem Dorfe, mit Ausnahme der Gerichts-Befugnisse „uber flizzent Wunden und blef die auf den Tod gent" — dann Heinrichen von Schrekkenreut (welcher Ort nicht mehr zu finden ist) und dessen Geschwisterten an die Frau Aebtissin Gelsel von Rohrdorf um 300 Pfund Regensburger Pfennige verkauft hat. Mit dem Verkaufe der Stammburg Löweneck verliert sich dieses Geschlecht wieder, welches vielleicht von den in jener Gegend begüterten Lewen (Walter et Ubalricus Lew Brüder anno 1180) abstammt.*)

---

*) Siehe Schenkungsbuch von St. Emmeram in den Quellen zur deutschen und bayerischen Geschichte, Band I. S. 124.

II.
Zugehörungen des Klosters.

Zum Kloster Pielenhofen gehörten folgende Pfarreien und Kirchenrechte:

a. Pielenhofen.

Es ist bereits erzählt worden, wie die Kirche zu Pielenhofen durch Kaufsabtretung des Ritters Ulrich von Pielenhofen an Heinrich von Hohenfels und von diesem schenkungsweise an das Kloster kam, und beziehen wir uns desfalls auf das bereits Mitgetheilte und auf die Urkunde vom 2. Februar 1240.

Die in die Kirche gestifteten Jahrtage sind aus den angefügten Regesten und Notizen zu entnehmen.

Die Filialkirche Unser Frawenperg bei Pielenhofen wurde von der Pfarrei Pielenhofen versehen. Die Haltung der Gottesdienste in den Kapellen St. Jacob bei Pielenhofen, jener zu Pollenried und zu Weißenkirchen war nach altem Herkommen den Klostergeistlichen obgelegen, wie ein Vertrag vom Jahre 1482 nachweist, sowie auch dem Kloster die Kirchenrechte auf den Höfen zu Mönchsried und Chanstein zuständig waren. Die Aebtissin Elisabeth gibt im Jahre 1298 ihre Einwilligung zu der von dem Meister Bruder Herwort gemachten Schenkung eines Gütels, „zur steinernen Brücke" genannt, für Erhaltung des ewigen Lichtes in der St. Blasius-Kirche zu Pollenried; am 24. Juni 1333 erlaubt Bischof Nicolaus dem bescheidenen Manne Berchtold Pettenhofer, der Tochterkirche in Pulenhofen, „Unser Fraweperg" genannt, einen Acker zu Egelsee und gewisse Aecker in Pielenhofen zur Abhaltung eines Jahrtages für seine Frau Reyhtze zu schenken. Die Pfarrkirche zu Pielenhofen berühren ausserdem noch folgende Urkunden:

Im Jahre 1284 verzichten die Brüder Heinrich und Hermann von Helmsreuth für eine gewisse Summe Geldes auf alle Ansprüche, welche sie auf das Patronatsrecht der Kirche zu Pielenhofen hatten.

Beiläufig im Jahre 1350 stiftet Elisabeth, Peters Tochter, eine Messe zur Pfarrkirche in Puelenhofen.

Beiläufig um dasselbe Jahr 1350 haben die Weidenhüller dem Pfarrer zu Puelenhofen eine Gült auf dem Hofe zu Egelsee zu einem Seelgeräth vermacht. Herr Michel, z. Z. Pfarrer daselbst, wechselt im Jahre 1350 dieselbe gegen 16 Schilling Regensburger Pfennige, auf dem, dem Herrn Hadamar von Laber dem älteren und Hadamar dem jüngeren gehörigen eigenen Hofe zu Prunn aus. Im Jahre 1375 kauft Cunrad, gewesener Pfarrer zu Pielenhofen, der Aebtissin Anna und dem Konvente zu Pielenhofen die Zehenten zu Rittendorf und die Mühle zu Pielenhofen um fünfzig Pfund Regensburger Pfennige ab. Diese Rechte und Besitzungen vermacht nun der genannte Pfarrer Conrad für den Fall seines Ablebens dem Kloster, wofür sich die Aebtissin verbindlich macht, mehrere Jahrtage für denselben halten zu lassen, namentlich einen am Feste St. Margaretha mit vollem Amte, dann verschiedene Oktaven und Litaneien.

Im Jahre 1391 vermacht Offmey die Trübenpekhin, Klosterfrau zu Pielenhofen, an die dortige Pfarre ein Pfund Regensburger Pfenninge, womit man zwei Kühe bestellen soll, die ewig bei der bemerkten Pfarre zu verbleiben haben. Darum soll der jeweilige Pfarrer in der Predigt ac. dieser Frau alljährlich gedenken, und der Zuherr aufm Frauenperg in gleicher Weise, und bei der Frohnleichnamsprozession soll man allzeit für sie ein Ave Maria beten. Als Pfarrer ist benannt Michael Leutzenrieder.

Im Jahre 1482 verträgt sich die Aebtissin Anna mit dem Pfarrer Ulrich Reydenwanger zu Pielenhofen bezüglich der Lesung von zweien Wochenmessen und hinsichtlich der

Kirchenrechte auf den zwei Höfen zu Munchsried und Canstein, welche dem Kloster zustehen. Auf die im Vertrage berührte Klage des Pfarrers, daß sich im Kloster zwei Mönche befinden, welche ausserhalb ihres Klosters in den Kapellen der Pfarrei Votiv-Messen halten, wird entschieden, daß diese und andere Mönche, welche hinfür im Kloster sein werden, fürberhin nicht mehr Messen ausserhalb des Klosters lesen sollen, ausser soviel sie in den drei Kapellen zu St. Jakob nächst dem Kloster zu Pollenried und Weißenkirchen nach altem Herkommen zu lesen schuldig sind.

Als Geistliche an der Pfarrei Pielenhofen finden wir in den Jahren 1262—1278 Ulrich, Kaplan, 1268—1271 Heinrich, Pfarrer, 1278 Gottfried, Pfarrer, 1322 Ruger, Pfarrer, 1350 Michel, 1359 Ruger, Pfarrer, 1373 Friedrich, Dechant, 1375 Conrad, 1387 Hanns, 1391 Michael Leutzenrieder, 1443 Conrad Widman, Pfarrer, 1468 Ulrich Raidenwanger, 1512 Hans Steif, 1550 Christian Fuchs.

b. Taezwang.

Durch wen und auf welche Weise die Kirche sammt Patronatsrecht in den Besitz des Klosters kam, ist aus den Urkunden nicht zu entnehmen. Sie liegt im Hochstifte Eichstädt, dessen Bischof Cunrad nach deren Besitz trachtete und sie auch durch Abtretung der Aebtissin Elisabeth im Jahre 1302 inhaltlich einer im k. allgemeinen Reichsarchive vorhandenen Urkunde erhält, wogegen ersterer dem Kloster unterm 27. August 1302 die nächst sich erledigende Pfarrei zusichert. Wahrscheinlich war diese gemeinte Pfarrei schon bei dem Entstehen des Klosters im Besitze desselben. Der Ersatz für jene Abtretung dürfte die Pfarrei Wisenacker, gleichfalls im Bisthume Eichstädt gelegen, gewesen sein.

c. Pulach.

Diese Pfarrei schenkt Bischof Nicolaus von Regensburg dem Kloster und incorporirt sie demselben am 8. März 1322.

Aebtissin Anna nennt die Kirche daselbst ihre eigene Kirche und hatte von derselben nicht unbedeutende Einkünfte, — 24. Januar 1370. Die Pfarrei gab dem Kloster jährlich sechs Pfund Regensburger Pfenninge.

Am 16. Mai 1373 stiftet Hartweig der Elter, Hävnel von Sall, weiland Techant zu Pulach, in die Kirche daselbst eine ewige Messe, indem er zugleich einen Altar bauen läßt. Hiezu gibt er einen Hof zu Ernsing, den er von den Frauen zu Pülenhofen gekauft hat, dann zwei Eigen zu Reicherstetten, vom Perthalt dem Spindler, Burger zu Kelheim, erkauft, dann eine Ewiggült aus des Weichhofers Hof zu Lengenvelt, gelegen bei Abbach, und endlich einen Hof zu Unterwendling. Die Messe können die Frauen zu Pielenhofen verleihen wem sie wollen, jedoch nur einem ehrbaren Priester, der da aufsitzt und die Messe selber hält. Im Jahre 1480 bestätigt Papst Sirtus die Incorporation dieser Pfarrei zum Kloster Pielenhofen, und im Jahre 1484 vergleicht sich die Aebtissin Anna mit dem Pfarrer Braun in Betreff der Incorporation. Als Priester finden wir an dieser Pfarrei: In den Jahren 1303 Heinrich, Pfarrer, vor 1373 den schon genannten Hartwich den eltern Haynel von Sall, 1373 Hartwig den jungen Haynel von Sall (reservirt sich gegen das Kloster unterm 6. Mai 1373), 1398 Weigand Frid, Frühmesser, 1422 Perchtolt, Pfarrer, 1484 Jacob Braun, Pfarrer, 1520—1539 Peter Elsendorfer, Pfarrer, 1539 Hans Fridberger, Frühmesser.

d. Prunn.

Im Jahre 1280 beurkundet Bischof Heinrich zu Regensburg, daß sein geliebter Vetter, der edle Herr von Laber dem

Kloster in Pielenhofen zwei Aecker in Prunn, sowie das Kirchlein
daselbst und dessen Güter für eine gewisse Summe verkauft
und er selbst — Bischof Heinrich — die auf den Gütern
dieses Kirchleins haftenden Neubruchzehenten um 36 Regensburger Denare jährlich an dasselbe Kloster verpachtet habe.
Im Jahre 1326 wird die Seelsorge und Kapelle zu Prunn
durch Bischof Nicolaus dem Pfarrer in Pielenhofen übertragen.

c. Wisenacker.

Im Jahre 1344, am 19. März schenkt Heinrich
von Ernuels junior, gesessen zu Helffenberg und Bürgermeister zu Regensburg, mit Gunst seiner Frau Abelheid wegen
der Dienste, welche ihm und seinen Vorfahren das Kloster
Puelnhofen erwiesen — demselben den ihm gehörigen Kirchensatz zu Wisenacker, welche Schenkung Bischof Albrecht von
Eichstädt, — weil Wisenacker im Eichstädter Bisthume
gelegen ist, — bestätigt. Die Klosterfrauen geben jedoch diesen Kirchensatz dem Geber wieder zurück, worauf derselbe diese
Schenkung am 23. Mai 1345 unter Bezugnahme auf
die erste Schenkung erneuert, sich aber und seinen Vorfahren
das Prädicat „Stifter des Klosters" vindizirt. Es liegt die
Vermuthung nahe, daß dieser Kirchensatz die Entschädigung
für die im Jahre 1302 an Eichstätt abgetretene Pfarrei Täz-
wang bildet, insoferne nämlich der Domherr Albrecht von
Ernfels, ein Bruder des vorigen Heinrich (vgl. Regest vom
13. September 1285), zu Eichstädt bei seinen Verwandten
die Ueberlassung dieses Kirchensatzes an das Kloster bewirkt
haben mochte.

Als Pfarrer zu Wisenacker finden wir urkundlich aufge-
zeichnet: In den Jahren 1285 bis 1291 Cunrad von Ehrnfels, Sohn Cunrad's von Ehrnfels, Bruder des vorigen Heinrich's von Ehrnfels, jüngerer Bruder des Propstes Chunrad
zu St. Johann, im Jahre 1397 Heinrich Kindhauser, Pfarrer
und Dechant, 1428 Hanns Scherzer, 1475 verleiht die Aebtissin

ihre Pfarrei zu Wifenacker dem Conrad Grym, 1492 Leonhard Wepers.

f. Lengenfeld mit der Pfarrkirche St. Georg.

Im Jahre 1356 begabt Ludwig der Römer, Herzog in Bayern, Markgraf in Brandenburg, auf den Fall des Ablebens Bertolb, des Syntzenhofers, das Kloster Pielenhofen mit der Pfarrkirche St. Georg in Lengenfeld sammt Lehenschaft und Zehenten.

Im Jahre 1372 bestätigt Herzog Rupprecht diese Schenkung, 1375 wird diese Pfarrkirche dem Kloster einverleibt, 1496 stiftet Osana Strolier, Ehewirthin weiland Cunrad Stroller's, gesessen zu Saltendorf, in den Heiling zu St. Georgen und St. Veiten zu Lengfeld einigen Jahrtag mit einem Gute zu Roting.

g. Utzenhofen.

Im Jahre 1390, am 24. März, schenkt Cunrad von Ernvels der Aebtissin Anna von Parsberg und Convent zu Püllnhofen die Lehenschaft der Kirche zu Utzenhofen mit aller Zugehör.

Beiläufig um das Jahr 1403 erhält Cunrad der Puchfelber die Pfarrei. Im Jahre 1403, am 2. Juli, reserviren sich Hanns und Cunrad die Gebelstorfer, gesessen zum Lutzmannstein, gegen die Frau Aebtissin zu Pielenhofen und entäußern sich aller Ansprüche gegen die Lehenschaft der Kirche zu Utzenhofen, welche sie wegen ihrer Vetterschaft mit Conrad dem Puchfelber hatten. Tags darauf, am 3. Juli desselben Jahres, verpflichtet sich Cunrad der Puchfelber, der Aebtissin Anna und dem Convente zu Pülnhofen wegen ihm verliehener Kirche zu Utzenhofen, Gerichts Pfaffenhofen, jährlich sechs Pfunde Pfennige zu entrichten.

III.

Weitere Geschicke des Klosters und dessen Bestandtheile.

Die nachhin aufgeführten Erwerbungen des Klosters Pielenhofen berechtigen zu der Annahme, daß dasselbe sich in seinen Vermögensverhältnissen befestigte, und mehr und mehr aufblühte, wenn es schon in Gottes heiligem Willen gelegen sein mußte, daß die Bewohnerinen dieses Ihm geweihten Hauses nicht ganz von Sorge und Bedrängniß frei sein sollten, weil es den Jüngerinen nicht besser ergehen durfte als dem Herrn und Meister.

Nach Urkunden vom 26. Januar 1288 erwirbt die Abtissin von Puelnhofen einen Hof in Chieffenholz, womit das Stift Regensburg seine Gerechtigkeit auf dem Hof Chieffenholz dem Kloster Pielenhofen resignirt, und unterm 23. April 1289 empfiehlt Bischof Heinrich von Regensburg zwei Theile von den Weinbergen bei Avenhowen, welche durch den Herzog Ludwig von Bayern resignirt wurden, seinem Verwandten Heinrich von Ernvels zur getreuen Bewahrung für das Kloster in Puelnhofen. Mit Urkunde vom 4. Juni 1283 verkaufen Ulrich, genannt Schloter von Schawenstein, und Ulrich sein Sohn an das Kloster Pielenhoven ihren Hof zu Heitzenhofen; nach Urkunde vom 13. Februar 1290 gibt und übergibt Ludwig, Pfalzgraf bei Rhein und Herzog in Bayern die „Egker und geschos zu Kneitting", den „Reisperg, vor alters Weinberg" der ehrwürdigen Abtissin und Convent des Klosters und Gotteshaus Puelnhoven mit allen vollkommenen Herrschaften und Gerechtigkeiten; gemäß Urkunde vom 6. Februar 1292 verkauft Heinrich, genannt von Parsberg, Dienstmann des Pfalzgrafen bei Rhein und Herzogs von Bayern, einen Hof „in Pruenthal" an die Frau Abtissin und Convent des Klosters Pielenhofen; unterm 16. Mai 1292 bekennt

Habemar von Laber der frommen Frau Elspethen, Abtissin zu Puelnhoven, seinen Neureutzehenden zu Pettenhofen verkauft zu haben; nach Urkunde vom 19. Mai 1292 verkauft derselbe seinen Neubruchzehenden in Prunn an das Kloster in Puelnhofen, und unterm 4. Juli 1294 verkauft Bischof Heinrich die Zehenden zu Pensersdorf an das Kloster Pielenhofen.

Nach Urkunde vom 9. April 1297 gibt Jordan von Mora den Klosterfrauen zu Pielenhofen zu einem Eigen sein Burgstall zu Lichtenrode und das Holz, und unterm 1. Februar 1298 schenkt Otto, Herzog von Bayern, dem Kloster in Puelnhofen das Patronatsrecht der Pfarrkirche in Purlach. Im Jahre 1298 thut die Abtissin Elisabeth zu Pielenhofen kund, daß Bruder Hierbort der Meister „sende Plaesin" der Kirche zu Pielenhofen gegeben; am 26. Januar 1299 verkaufen Heinrich und Chunrat sein Bruder von Ernfels an Elspet die Aptessine zu Puelnhofen ein Aigen das „Haitzenhofen", und unterm 17. Februar 1300 den Hof zu Roßhofen und Rugerslehen.

Noch bestätigt noch Urkunde vom 25. März 1297 den Klosterfrauen zu Pielenhofen das Gut in „Tursleckhen", unterm 23. Mai 1301 verschreibt Habemar von Laber dem Kloster Puelnhofen für 22 Pfund Regensburger Pfennig, zwei Schaf Roggen und 1 Pfund jährlich, und unterm 13. August 1300 geben Dietrich und sein Bruder Heinrich von Parsberch ihren Hof zu Navsheim zu einem Seelgeräth der Frau Abtissin Elzbeth und den Frauen zu Puelnhofen, wobei Dietrich auf seinen Theil verzichtet.

Nach Urkunde vom 27. August 1302 sichert gegen Verzichtleistung des Klosters Puelenhofen auf die Kirche in Taezwanch Bischof Cunrad von Eichstädt und das Capitel demselben die nächst sich erledigende Pfarrei zu.

Im Jahre 1302 reversiren sich Ulrich von Stovffe und sein Sohn Ulrich der Pochpekke gegen den ehrbaren Herrn Trochsaezen von Effenmvel und das Kloster Pvelnhoven wegen eines Gütleins zu Sulzpach, und im Jahre 1303 stiftet sich Agnes von Paulstorf im Puelnhofer Kloster einen Jahrtag, indem sie dahin einen Hof „den Krayn" vermacht. Nach Urkunde vom Jahre 1303 an „sant Gothartstag" verzichten Hermann der Kammerer und des Kromlers Kinder auf alle Ansprüche, welche sie bisher an das Eigen Alchensee machen, und nach Urkunde vom 24. Juli 1309 verkauft Ruprecht von Haldave dem Kloster Puelenhofen seinen eigenen Hof zu Teying.

Das Kloster Pulnhoven kauft nach Urkunde vom 21. Februar 1304 von Friedrich von Zanten dessen Eigen zu Nyberhoven; im Jahre 1305 verkaufen Heinrich und Chunrat von Ernwels der Frau Abtissin Elizabet und Convent zu Pielenhofen zwei Höfe zu Rehperch, und nach Urkunde vom 22. Mai 1305 gibt Habmar von Laber dem Kloster zu Puelnhoven zu kaufen sein Eigen auf der Höhe, wie es der Amann und seine Kinder von ihm hatten, die Vogtei auf das Drittheil dieses Eigens, welches das Schottenkloster inne hat, und die Vogtei über den Widen zu Weizzenchirchen, welchen das Kloster Pielenhofen besitzt.

Unterm 30. November 1306 ertheilt Herzog Stephan seinem Diener Eckhart von Leonekk die Erlaubniß, seine Burg, seine Leut und Gut, welche ihm nicht lehenbar eigen sind, den Klosterfrauen zu Pielenhofen, oder wem er will, zu verkaufen.

Nach Urkunde vom 18. März 1306 bekennen Albrecht der Lang Mair, Heinrich von Swettendorf, Heinrich Bernhart, Ulrich sein Sun, Dietrich des Albrecht Langen Bruber, Heinrich des Propst Sun von Ortte, Albrecht desselben Propsts Sohn, Pernger von Chnaerting der Abtissin Frau Elspet und Convent zu Puelnhoven von dem Reisperg jährlich zwei Pfund und zwölf Pfenning Regensburger Münze. Im Jahre 1307 begabt Bischof Cunrad das Kloster mit dem Weinzehend zu Sulzbach und Novalzehend zu Täverling und Puelnhoven.

Nach Urkunde vom 14. Februar 1308 verkaufen Heinrich von Schirling und sein Bruder Wernhard ihre zwei Huben das Lohen bei Salle (Saal, auch Obersaal bei Kelheim) dem Kloster und Convent zu Puelnhoven, und gleichfalls im Jahre 1308 eignet Graf Albrecht und Alram von Halse dem Kloster zu Puelnhoven das Gut zu Saortal. Gemäß Urkunde vom 13. Juli 1309 verzichten Heinrich von Ernfels, Hademar von Laber und Chunrad von Ernvels auf das Gut Pueloch, welches die Puelnhovaer gekauft haben von dem Schambechen frei und ledig, dieses Gut geben sie dem Gotzhaus zu Puelnhofen, und wiederum im Jahre 1309 verkauft Ulrich der Druchsaez von Hailsperg seinen eigenen Hof zu Oetersdorf und eigen Weingarten, eigen Aecker und das Gericht und alles, was dazu gehört, an die Frau Aebtissin Elspeten des Gotteshauses zu Puelnhoven.

Im Jahre 1310 bestätigen Schwester Elspet Abtissin und der Convent zu Bulnhoven, daß der fromme Mann Herr Albrecht von Frohenhoven seinen Antheil am Hofe zu Irngsinge nach seinem Tode dem obgedachten Kloster vermacht hat. Nach Urkunde vom 15. Febr. 1313 gibt Abelheid die Rordorferin ein freieigenes Gut in Holzheim zu einem ewigen Jahrtag für ihren ersten Eheherrn Friedrich von Rordorfaer, ihre Tochter Beisel (Klosterfrau in Pielenhofen) und ihren zweiten Eheherrn, Ulrich von Pochpekke, welches Gut aber erst nach dessen Tod dem Kloster anheimfällt, und unterm 1. September 1314 beurkundet Ulrich der Pochpeche von Chalmüntz obige gemachte Stiftung seiner ersten Gemahlin, wobei er sich verbunden erklärt, der Fraw Geyseln des Rordorfers Tochter von Puelnhoven oder nach deren Tode dem Kloster alle Jahr von diesem Hof, welcher nach seinem Tod dem Kloster anheimfällt, 60 Pfund zu entrichten.

Unterm 25. März 1314 geben Rudolph und Ludwig, Herzoge in Bayern, dem Kloster Pielenhofen zu ihrem Seelenheil 4 Metzen Haber von ihrem Vogtrechte zu Mausheim und 5 Muth Haber von ihrem Vogtrechte zu Wischenhofen. Gemäß Urkunde vom 14. Februar 1315 verzichtet Ulrich von Munster der junge Wimer auf alle Ansprüche an dem Hof zu Puloch, welche Chunrad der Münsterer dem Gotteshause in Pielenhofen schenkte und beziehungsweise verkaufte.

Unterm 3. März 1316 befiehlt der römische König Ludwig, daß die ober dem Kloster Pielenhofen gelegene und von ihm zerbrochene Veste Lewenecke nicht mehr erbaut werden soll. (Gegeben in dem Gesäzze von Herrieden.) Nach Urkunde vom 28. April 1317 befreit Ludwig, römischer König, die Klöster Pielenhofen und Seligenporten vom weltlichen Gerichte. Gemäß Urkunde vom 19. Juni 1317 bestätigt Rudolf, Herzog in Bayern, das Kloster Pielenhofen im Besitze der Wiese zu Eresingen, die in der Au bei der Ordenchirchen gelegen ist. (Gegeben zu Regensburg.) Unterm 13. Juli 1318 verleihen Heinrich und Otto, Herzoge in Bayern, dem Kloster Pielenhofen Zoll- und Mautfreiheit für zwei Salzwägen jährlich nach Halle und zurück. (Gegeben zu Regensburg.) Im Jahre 1318 verkaufen Andre von Chaeppfelberk und Ulrich sein Sohn an das Kloster Pvelnhofen und Herrn Hermann dem Maeller, Burger zu Regensburg, ihren eigenen Hof zu Gundelzhausen. Nach Urkunde vom 23. Juli 1318 bestätigt Ludwig, römischer König, dem Convent von Pielenhofen die von seinen Vorfahren verliehene Freiheiten. (Gegeben zu Regensburg.) Nach Urkunde vom 30. Mai 1319 begabt Bischof Kunrad von Freising das Kloster in Puelenhofen in der Regensburger Diözese mit einem bei dem Dorfe Kranzberg bei Kelheim gelegenen Weinberg.

Gemäß Urkunde vom 27. August 1320 nimmt Beatrix, römische Königin, erste Gemahlin Kaiser Ludwigs des Bayern, Tochter Herzogs Heinrich III. von Gloggau, vermählt 1309, † 1321 den 25. August, das Kloster Pielenhofen in ihren besondern Schutz, und unterm 24. Februar 1320 gibt Weigand von Trausnitt dem Kloster Puelenhoven seine zwei eigen Höfe zu Chuemerspruck, sowie nach Urkunde vom Jahre 1320 Ulrich, Chunrat und Heinrich von Chemnaten mit ihren Schwestern um 18 Pfund Regensburger Pfennig an das Kloster zu Puelnhofen drei Güter zu Schayscheim verkaufen. Nach Urkunde vom Jahr 1322 vom 20. Februar 1322 und wieder vom Jahre 1322 verzichtet Gerhart von Ramelstein auf die Sal auf dem Gut zu Gundelshausen, verkaufen Ulrich der Chemnater und seine Tochter Osana an die Abtissin Frau Irmgarten und Convent zu Puelnhoven um 17 1/2 Pfund Regensburger Pfennige ihr rechtes Aygen zu Aychensee, begabt Bischof Nicolaus von Regensburg das Kloster Puelenhoven ord. cist. mit der Pfarrei Puloch, und verzichtet Bernhart von Romelstein auf alle Ansprüche an dem Gute Gundelshausen. Nach weiteren Urkunden vom 24. Januar 1323 schenkt Ludwig, römischer König, die Lehenschaft über den Hof „das Geiersperg" an das Kloster Pettendorf, und vom 29. November 1323 kauft die Abtissin Geysel von Rordorf und Convent um 300 Pfund Regensburger Pfennige von Dyetreich von Parsperch, seiner Mutter, seinen Brüdern und seinen Schwestern ihr Eigengut, das Burgstall zu Lebeneck und das Dorf Penkh mit zwei Fischwelden in diesem Dorf und Allem zu Dorf und Feld, jedoch ausgenommen die Gerichtsbefugnisse „über flizzent Wunden und Dief (Diebstahl) die auf den Tod gent", und wird diese Urkunde unterm 9. März 1324 und im Jahre 1325 weiter bestätigt.

Nach Urkunde vom 26. Februar 1324 verleiht Gisel von Gotes genaden Abtissine zu Buelnhofen dem Ulrich von Tuckendorf das Holz zu Tuckendorf, genannt Toevenleithen, gegen einen jährlichen Zins, und unterm 4. Juni 1324 geben Heinrich der Paulstorfer, Marschalk in Oberbayern und seine Hausfrau Beatrix nebst Töchtern dem Kloster Pielenhofen 5 Pfund Schilling Regensburger Pfenning, 80 Eier, 7 Hühner

Einkünfte auf dem Gute zu Tauching. Nach Urkunde vom 27. Februar 1324 läßt Hilwant von dem Hof dem Convent zu Puelnhoven 10 Pfd. Pfennige nach, und nach Urkunde vom 26. April 1324 verzichten Leupolt Gumprecht, Burger zu Regensburg, sein Sohn Leupolt und seine Schnur Agnes auf den Burgstall Lebenekk, das Dorf Penkh und die zwei Fischweiden daselbst, welche von Parsperch an das Kloster Puelnhoven verkauft hat.

Unterm 21. October 1324 erklärt Wernhart von Abensperch, daß an die Stelle des verstorbenen Dachsölrers als Bürge für Dyetreich von Parsperch wegen Verkaufs des Eigens zu Lebenek an die Abtissin von Puelnhofen eingetreten ist.

Unterm 19. April 1325 bekennt Ludwig, römischer König, vom Kloster Pielenhofen nicht aus Recht, sondern zur bloßen Hilfe Steuer erhalten zu haben, und nach Urkunde vom 4. Mai 1325 bekennt Abtissin Geysel zu Puelenhofen die Stiftung von 10 Pfd. Regensburger Pfenning zu einem Jahrtage für sich und seiner Schwester Tochter Alhaid durch Gumprecht an der Haide Bürger zu Regensburg.

Gemäß Urkunde vom 24. August 1325 verheißen Geisel von Gotz gnaden Abtissin und der Konvent zu Puelnhofen und Bruder Albrecht, Meister des genannten Klosters, dem Regensburger Burger, Herrn Herrman dem Müller, die für seine Tochter Elspet und seines Bruders Tochter Christein von ihm angewiesene Rente aus dem Hofe zu Niederhofen auf dem Nordgau und aus dem Gut zu Tutkendorf genannten Klosterfrauen bei ihren Verwandten zu Regensburg jährlich erlegen zu lassen, und ferner die Stiftung des genannten Herrmann für das Siechenhaus zu Puelnhofen aus dem Gute zu dem Thanstein zu benanntem Zwecke zu verwenden (Beil. 126).

Nach Urkunde vom 1. Februar 1326 verzeiht sich Ulrich von Abensperg gegen die Frau Abtissin Geisel und Convent zu Pielenhofen aller Ansprüche auf das Gut, gelegen zu Gundolzhausen, das Herrman der Mallär an das Kloster verkauft hat, und im Jahre 1329 wird Ruef von Perg, Richter zu Riedenburg, für seinen Schwager Dyetreich von Parsberg gegen die Frau Abtissin von Pielenhofen und Convent Bürge, sowie gemäß Urkunde vom 31. Mai 1329 Ruger der Punzinger sich gegen den Convent Puelenhofen rücksichtlich des Gutes zu Trechelhoven verpflichtet, daß, wenn der Convent dasselbe an nächsten Lichtmessen nicht behalten mag, es von ihm um 30 Pfund eingelöst werden soll, und unterm 17. Juli 1329 sich Chunrat Schambeck, Richter zu dem Stain und Cäcilie seine Hausfrau gegen das Gotteshaus Pielenhofen aller Ansprüche an den Hof zu Puloch verzeihen, der des Klosters ist. Mit Urkunde vom 11. September 1329 verkaufen Abtissin Geisel und Convent zu Pielenhofen ihren eigenen Hof zu Osterhof sammt Weingarten und Aeckern und das Gericht daselbst an Frau Elspet, Abtissin an St. Maria Magdalena zu Regensburg. Im Jahre 1330 schenken Heinrich der Eselstorfer, Bruder Bertold der Maeller bei den Barfüßern, Wernhart der Reicher an der Hayde, Bürger zu Regensburg, der Tochter des Maeller der Klosterfrau zu Puelnhofen und dessen Bruders Tochter-Schwester Christine, gleichfalls Nonne zu Pielenhofen, dem letzten Willen obgedachten Maellers zufolge ein Gut, gelegen zu Habmarsperg bei Smitmvelle, welches Gut nach dem Ableben dem Kloster anheimfällt. Nach Urkunde vom 15. Juni 1331 quittiren Heinrich der Eselstorfer und Bruder Bertold der Maellaer zu den Barfüßern, Wernhard der Reicher, Bürger zu Regensburg, der Frau Abtissin Geisel die von derselben dem Herrmann Maellaer schuldig gewesenen 210 Pfund Regensburger Pfenning. Mit Zustimmung des Bischofs Nikolaus von Regensburg vermacht unterm 24. Juni 1333 Berchtold Pettenhofer der Kirche in Pielenhofen, „unser Fraweperg" genannt, Grundstücke in Eglsee und in Puelenhofen, und nach Urkunde vom 8. April 1334 verzeihen sich Heinrich der Münstraer und Dionys sein Bruder aller Ansprüche, welche sie gen Mangolt hatten, welches ihr aigen war und dem Kloster in Puellenhofen auszuantworten. Vom Jahre 1334 stammt ein Entscheid, daß die Kinder des verstorbenen Ekprechtes von Tekkelstein Chunrat und Dyetrich in den Halbtheil des Erbrechts und der Nutznießung den Hof Tekkelstein, so der genannte Ekprecht zum Halbtheil von dem Kloster Pielenhofen als Erbrecht besaß, und die andere Hälfte Cunrad dem Maier von Tekkelstein zuständig ist — erst mit dem zwölften Lebensjahr eintreten, während dieser Zeit ihr Vetter Cunrad Maih aber diese beiden Waisen unterhalten soll. Nach Urkunde vom Jahre 1335 verleiht die Abtissin Anna die Parsbergerin zu Puelnhoven erbrechtsweise dem Conrad dem Aichenseer ihr eigenes Gut zu Aichensee gegen Darantausch des Hauses ꝛc. des Letzteren, und unterm 9. Februar 1336 bestätigt Ludwig, römischer Kaiser, dem Gotteshause zu Buelenhoven den Besitz der Hube zu Hunttenwinden im Gerichte Velburg, sowie nach Urkunde vom 4. April 1336 Ulreich von Gundolzhausen und Gertrut seine Hausfrau sich aller Ansprüche auf den Hof zu Gundelzhausen, insbesonders des Baurechts auf diesem Hof begeben. Nach Urkunde vom 1. Febr. 1337 geben Heinrich der Ettenstatär von Haymhof und Frau Elspet seine Hausfrau dem Kloster zu Pielenhofen ihrer Tochter Frau Agnes ihr aigen Gut zu Chonntenwinden, welches Kaiser Ludwig von der Lehenherrlichkeit als Herzog von Bayern befreit hat. Unterm 26. November 1337 bestätigt Ludwig, römischer Kaiser, dem Convent zu Puelenhoven zwei Huben im Dorfe Ober-Wißflechen, gelegen im Gericht Velburg und im Jahre 1338 verkaufen Ektor von Lichtenberch und seine Frau Offeney der Frau Abtissin Geysel und Convent zu Puelenhofen drei zu Mausheim gelegene Güter.

Unterm 6. Februar 1338 verkaufen Heinrich der Ettenstätter von Haynhof und seine Hausfrau Elspet an das Kloster Puelenhofen ihr Gut zu Wißfleck im Gericht Velburg, und gemäß Urkunde vom 14. Februar 1339 bekennen der Lutzaer und der Plattfuez von Nittendorf, daß die Aebtissin und der Convent in Puelenhoven ihnen das Gut zu Perchach gegen einen jährlichen Zins überlassen haben.

Heinrich der Paulstorfer, Marschalk in Owern Bayern, schafft nach Urkunde vom 17. April 1340 seinen Töchtern Agnes und Osana im Kloster zu Puelenhoven 12 Schilling und 10 Regensburger Pfenning jährliche Einkünfte aus seinem Gute zu Derpwiesen, und Chunrat von Ernwels erklärt gemäß Urkunde vom 8. Juni 1341 bis zur Rückzahlung der von der Aebtissin und dem Convent zu Pielenhofen ihm geliehenen 8 Pfund Regensburger Pfennige seine Ansprüche auf die Nützleins-Mühle und die Höfe zu Rükchshoven nicht geltend zu machen. Die Erben des Herrn Peter zu Pielenhofen, verstorbenen Bräumeisters zu St. Emmeram, quittiren unterm 15. Juni 1342 ihrer Muhme Schwester Maechtild der verabfolgten Hinterlassenschaft ihres Bruders, des obigen Peter, und im Jahre 1342 schenkt Bruder Wirnher, Kastner zu Puelenhofen, dem Kloster daselbst seine eigene Hube zu Berazhausen.

Im Jahre 1342 reservirt sich Agnes, Aebtissin zu Pielenhofen, bezüglich des von der Frau Anna Straubingärin zum Seelenheil ihres verstorbenen Ehewirthes gestifteten Jahrtags, und in demselben Jahre 1342 schenkt Heinrich der Paulstorfer, Marschalk in Obernbayern, dem Kloster Pielenhofen die Gült von einigen Gütern zu Derpwiesen zum Seelenheil seines Vaters, seiner Mutter und seiner Frau mit der Bescheidenheit, daß seine Töchter, Frau Agnes und Frau Osana, Klosterfrauen zu Pielenhofen einnehmen zur Abhaltung der Jahrtäge. Im Jahre 1343 erwirbt das Kloster Pielenhofen zwei Höfe — Oberhof und Niederhof — zu Willhartzheim, und nach Urkunde vom 17. März 1343 verkaufen Heinrich der Zenger von Velburg und Chunegund, seine Hausfrau und Erben ihre Hube zu Nidernpuchfeldt den Klosterfrauen Agnes und Elspet die Taucherinne zu Pulnhofen, welche nach deren Tod dem Kloster zufallen soll. Chunrat von Ernvels eignet gemäß Urkunde vom 14. Februar 1343 dem Gotteshause zu Puelnhoven zwei Güter zu Mausheim und zu Wilbenhof, und nach Urkunde vom 14. April 1343 gibt Bruder Wernher, Kastner des Klosters Pielenhofen, seinem Eidam Ruprecht dem Holschinchen seine Hub, die Ottenhub. Heinrich von Ernfels, gesessen zu Helffenberch, schenkt unterm 24. April 1344 dem Kloster zu Pielenhofen den Kirchensatz zu Wesenacker im Bisthume Eichstädt, sowie Rueger dem Puntzinger und seine Wirthin Elspet im Jahre 1345 der Abtissin Frau Agnes und Convent ihre eigenen Guet zu Tächelhoven um 30 Pfund Regensburger Pfennig verkaufen. Im Jahre 1346 am 19. Mai schenkt Chunrat von Ernfels der Abtissin Agnes und dem Convent zu Puelnhoven die Notzleins-Mühle und die Höfe zu Rückeshoven und Rechperch, am 27. August 1346 erklärt Claus, Pfleger zu Lengenvelbt, den leibeigenen Mann des Kaisers, Rüdger von Wesenacker, welcher sich mit desselben Gunst an das Kloster Puelnhoven ergeben hat, von Seite des Kaisers der Leibeigenschaft lebig, und nach Urkunde vom 21. September 1346 kauft Abtissin Agnes und Convent das Gut zu Wilramstorf, sowie unterm 6. September 1346 Heinrich der Zehentnaer und Alheit seine Hausfrau Anna der Avärin und resp. dem Kloster zu Puelnhoven um drei Pfund und drei Schilling aus der halben Hub verkaufen, die da Chunrat des Choflärs ist gewesen, 60 Pfenning gelts.

Im Jahre 1347 verkauft Abtissin Agnes und Convent des Klosters großer Nothburst wegen dem Herrn Ulreich dem Smalnstainer, Dechant von St. Johann zu Regensburg, fünf Pfund jährliches Geltz auf ihren Urbaren und Höfen im Dorfe Puloch um 70 Pfund Regensburger Pfennige gegen Wiberkauf; nach Urkunde vom 21. Januar 1347 verkaufen Ulrich der Zehentner und seine Hausfrau Elspet ½ Pfund Regensburger Pfennige an das Kloster Pielenhofen, und unterm 1. Februar 1347 verkaufen Chunrat der Leytenberger und Alheit, seine Hausfrau nebst seinen Söhnen der Aebtissin Agnes und Convent ihren halben Hof zu Mavshaym. Dieselben geben auch unterm 23. Mai 1347 dem Kloster eine Paint, gelegen zu Berazhausen, niederhalb der Nibern Mül und einen dazu gehörigen Garten um 37 1/2 Regensburger Pfenning zu kaufen. Gemäß Urkunde vom 4. Mai 1347 verkauft Friedrich der Propst an die Aebtissin Agnes zu Pielenhofen und Convent ihren eigenen Hof zu Niebernhoven, und unterm 29. Juni 1347 erwirkt Aebtissin Agnes und Convent von Altmann von Rantzenstein das Erbrecht auf dem obern Hof zu Wilherzheim um 20 Pfund Haller. Mit Bewilligung Friedrichs des Burggrafen, Bischofs zu Regensburg, verkaufen am 10. August 1347 Aebtissin Agnes und Convent eine jährliche Gülte von 5 Pfund Pfennigen aus den Klosterhöfen im Dorfe Puloch an der Abens um die Summe von 70 Pfund Regensburger Pfennigen. Im Jahre 1348 geben Peters, Abtissin zu Niedermünster, Percholt der Amann, „Wachtmeister da Osten", Pfleger dieses Gotteshauses und der Siechen zu St. Nicolaus außerhalb der Mauer zu Regensburg der Siechen eigen Gut, gelegen zu Chieffenholz bei dem Münchhof, dem Kloster Puellenhofen.

Nach Urkunde vom 2. Febr. 1348 kaufen die Klosterfrauen zu Pielenhofen von Gebhart dem Kemmersprucker den Hof zu Chrapenhoven und am Walburgitag 1348 von Friedrich dem Propst den Hof zu Nydernhofen.

Unterm 28. Mai 1348 verkauft Gözel von Tetenhofen dem Purcharten aus der Sull die von den Klosterfrauen zu Pielenhofen aufhabenden Rechte daz Tetenhofen.

Zur Beseitigung von Prozessen vergleichen sich — 17. Februar 1349 — Ernst der Panholtz von Tanhausen, Gottfried, sein Vetter, Heinrich und Chunrad, die Panholtz seine Brüder, mit dem Kloster Puelnhoren um die Holzmark am Scheuchelperg, ober ihrem Weingarten zu Tömling und verzichten auf alle Ansprüche hierauf. Die Aebtissin Elisabeth verkauft 1351 zur Beseitigung der Irrungen und Aufläufe und aus Furcht, es möchten sich fürder noch derlei Aufläufe ergeben — dem Dietrich von Stauf und seiner Hausfrau Agnes den Hof das Rechperg. Im Jahre 1352 beurkundet Bischof Fridrich zu Regensburg, daß das Kloster Pielenhofen die Neureutzehenden eines Weingartens zu Sultzbach in den beiden Pfarreien zu Tiorlingen und Puelenhofen inne haben soll.

Gemäß Urkunde vom 24. August 1353 verträgt sich Albrecht der Murach mit dem Kloster Pielenhofen wegen des Holzes Täferleithen bei Tuffendorf und verzichtet auf alle Ansprüche hierauf. Nach Urkunde vom 7. Mai 1354 müssen Aebtissin und Convent des Klosters zu Pielenhofen zum Unterhalte des Vicars der Kirche in Prunn beitragen, und im Jahre 1356 gibt Ludwig der Römer, Markgraf von Brandenburg, die Pfarrkirche zu Lengenfeld zum heil. Georg, sammt Lehenschaft und Zehenden zum Heil seiner Eltern dem Kloster Pielenhofen. Elspet, Aebtissin zu Pielenhofen und Convent verleihen unterm 11. August 1357 ihre eigene Hofstatt zu Regensburg an der Prunnleuten zunächst an Gerlein dem Chyffär, Ruger dem Chyfär zu Regensburg. Hans der Hafer zu Wörb verzeihet sich seines Salrechtes auf einen Acker, welchen Kunigund Belderin zu Pielenhofen dem Kloster vermacht hat. Ulrich der Greiner von Wittelthal verkauft im Jahre 1359 sein eigenes Zimmer, welches er auf dem Hof zu Wittelthal, der dem Kloster Pielenhofen eigen, an die Frau Aebtissin Osana und verzeiht sich aller Rechte anf diesen Hof. Gemäß Urkunde vom 15. Juni 1359 erwirbt die Aebtissin Osana zu Puellenhofen das Erbrecht des Grafen Cunrad von Sassenhofen auf dem Gut zu Altzhof, gelegen zu Eichsenrod, und unterm 12. Mai 1360 verpflichten sich Aebtissin Osana und der Convent zu Puelnhofen, um die Kleinodien, welche Chunrat von Ottring des Schultheiffen Kaplan und sein Freund Albrecht zu Regensburg ihnen überlaffen haben, derselben Jahrtag zu begehen.

Nach Urkunde vom 24. August 1360 erwirbt das Klofter Puelnhofen einen Hof zu Nuffersberg und einen an Storbach, und unterm 16. October 1361 ftiftet Elspet die Präntlin, Cunrads des Präntl Ehewirthin, von Hohenvels, im Klofter Pielenhofen für ihren Ehemann durch Schankung ihres eigenen Hofes zu Piffendorf einen Jahrtag. Unterm 23. Februar 1362 verkaufen Abtiffin Osana und Convent Ulrich und Hannsen, den Ettenftatern, gefeffen zu Smidmüllen, ihren eigenen Acker, gelegen in der Au daselbft, und eine Wiese zu Haerinthal. Im Jahre 1362 verkaufen Abtiffin Osana und Convent ferner der Frau Adelhaid, der Pyburgerin, Bürgerin zu Regensburg, zwei Pfund Regensburger Pfenning Leibgeding, so lange sie lebt und ihre Tochter Adelheid, die Straicherin. Im Jahre 1363 ftiftet Elspet, die Eosenapferin, zu Regensburg, im Klofter Pielenhofen einen ewigen Jahrtag. Ein Gerichtsbrief von 1364 beftätigt, daß der Niedernhof in Wilherzhain ein freies, lediges Eigen des Klofters Pielenhofen sei. Unterm 15. Juni 1367 verkauft Agnes, Abtiffin zu Pielenhofen, den dem Klofter gehörigen Hof zu Rockshofen an Cunrad den Seydel, und im Jahre 1368 entscheidet das kaiserliche Landgericht Hirschberg, wonach dem Klofter Pielenhofen das Gut zu Winherzhoven zugesprochen ift. Unterm 13. Dezember 1370 refervirt sich Ulrich Weinzierl von Pach gegen das Klofter Pulnhoven wegen des ihm verliehenen Weingartens zu Sulzbach, und gemäß Urkunde vom 24. October 1370 ertheilt Herzog Albrecht von Bayern dem Convente zu Pullenhofen seinen besondern Schutz. Fridel Eggprecht refervirt sich gegen das Klofter Puelenhofen wegen zweier Lehen zu Hochdorf, dahin gehörig, im Jahre 1370, und einer Urkunde vom 24. Januar 1370 gemäß widerlegt, nachdem bereits Schwefter Agnes, die Ettenftatterin, als Cufterin aus den Heilingimitteln zu Pielenhofen die jährliche Gült auf einem Hofe zu Teying verkauft hat, die

Aebtissin Anna den betreffenden Kaufschilling zu 3 Pfund Regensburger Pfenning mit 2 Pfund Einkommen von ihrer eigenen Kirche zu Puloch. Nach Urkunde vom 12. Juli 1370 reservirt sich das teutsche Haus zu Regensburg gegen das Kloster Pielenhofen wegen des Hofes zu Ating. Im Jahre 1372 stiftet die Wittwe des Georg Dürnstatter zu Regensburg einen Jahrtag im Kloster Puellnhofen, und gemäß Urkunde vom 29. Mai 1372 stiftet Görg der Aw in das Klostergotteshaus auf dem Kathrein=Altar eine ewige Messe.

Im Jahre 1372 sitzt auf der dem Kloster Puelnhofen eigenen Mühle Cunrad der Muelner und Kaspar sein Bruder. Abtissin Anna, die Parsbergerin, gab denselben zu einer Ergötzung für die Arche 2 Tagwerk Wiesmad in der Langwiesen. Im Jahre 1372 verkaufen Aebtissin Agnes und der Convent zur Abhilfe der zeitlichen Noth ihr Gotteshaus, Eigen zu Chuntenwinden. Nach Urkunde vom 6. Mai 1373 reservirt sich Hartweig, der junge Havnel von Sall, gegen das Kloster Pielenhofen bezüglich der Pfarrkirche Pulach, und unterm 24. Mai 1373 gehen die Staufer zu Thumstauf und die Abtissin Anna bezüglich der Güter Chinthausen und Puchhausen einen Tausch ein. Im Jahre 1377 verkauft das Kloster zum heiligen Kreuze in Regensburg an jenes zu Pielenhofen ein Gut zu Langenthanhausen. Im Jahre 1377 unterm 19. Januar nimmt das Kloster Walderbach das Kloster Pielenhofen in seinen geistlichen Bund auf, desgleichen unterm 2. Januar das Kloster Reichenbach. Im Jahre 1378 reservirt sich Wirnher der Haebraer zu Regensburg wegen der Herberg des Hauses in der Engelpoldsstrazz zu Regensburg. Im nämlichen Jahre 1378 verkauft Gewolt der Lochleins und die Wittwe Heinrich des Lochlein zu Polzhausen an Rueger den Weizz daselbst ihren Theil an dem Erb zu Pielenhofen um $33^{1}/_{2}$ Pfund Regensburger Pfenning, und in einem Gerichtsbriefe vom nämlichen Jahre wird obiges Erb dem Weizz zugesprochen. Nach Urkunde vom 13. Februar 1379 reserviren sich Heinrich der Untell und seine Hausfrau zu Ehnaewting wegen des Hofes zu Chieffenholz, dagegen der Zehent dem Kloster verbleiben soll. Im Jahre 1379 nimmt Abtissin Anna ihren Weinzehend zu Wisend zurück. Im Jahre 1382 nimmt das Kloster Ensdorf Ord. S. Bened. das Kloster Pielenhofen in seinen geistlichen Bund. Im Jahre 1382 wird der Aebtissin von Pielenhofen auf dem Gerichte zu Lengenfeld der Rabwörth nebst drei Hofstätten zu Pulnhofen zugesprochen. Unterm 16. April desselben Jahres verzichtet Walpurg, die Satelbogerin, Klosterfrau zu Puelnhofen, auf alle Ansprüche an dem Hof zu Rechtal, welcher ihr rechtes väterliches Erb gewesen ist, gegen ihren Bruder Albrecht den Satelboger vom Liebenstein, welcher sie wegen der väterlichen Erbschaft befriedigt hat, und unterm 28. April 1382 verkauft Albrecht diesen seinen Hof zu Rechtal. Unterm 1. September 1386 erhält Abtissin und Convent zu Pielenhofen von der Wittwe des Hilpolt vom Stayn, Frau Percht, 600 Stück Schafe um b'halb Lämmer und Wolle geliehen, und nach ihrem Tode sollen 300 dieser Schafe dem Kloster zu einem ewigen Jahrtage für sich und ihren Eheherrn zufallen.

Im Jahre 1387 verkaufen Cunrad von Ernvels und seine Hausfrau dem Kloster zu Puelnhofen ihr Einkommen von dem Dorfe Lengenfeld bei Amberg um 14 Pfund Regensburger Pfenning. Im Jahre 1387 am 2. Juli erwirbt das Kloster Puelnhofen das Weinzierlrecht auf zwei Rieben zu Ehnawtting an dem Reisperg, und unterm 3. Mai desselben Jahres verkauft Berthold Riethaz seine dem Kloster erbrechtigen Aecker in Pirckach zu Nittendorf an Albrecht Smyt daselbst.

Mehrere sogenannte Rieben auf Reisperg, zum Kloster Pielenhofen zinsbar, werden am 9. Januar und 2. Juli 1387 verkauft. Nach Urkunde vom 23. Mai 1390 stiften Altmann Kemnater, Schultheiß zu dem neuen Markt und Jörg der Zenger zu Velburg im Gotteshaus zu Puelnhofen einen ewigen Jahrtag für die Pfründner, und übergeben hiefür ihren eigenen Hof zu Waltersheim. Am 24. März 1390 erwerben Aebtissin und Convent zu Pielenhofen die Lehenherrschaft — jus patronatus — der Kirche zu Utzenhofen. Im Jahre 1393 am 29. Juli reservirt sich Cunrad bei dem Torn gegen das Kloster Pielenhofen wegen des ihm verliehenen Gutes zu Wizzling, welches sein Schwager Cunrad der Sewair baute. Am 21. März 1394 verkauft Hans Vierling zu Amberg an Hanns den Hecke, Landrichter zu Amberg, ein Fischgut und Fischwasser zu Lengenfeld, unbeschadet der Rechte, welche die Klosterfrauen zu Puelnhofen darauf haben. Am 6. Dezember 1394 gibt Offmey, die Taubenpeckhin, Klosterfrau zu Pielenhofen, der dortigen Pfarre 1 Pfund Regensburger Pfenning, womit man zwei Kühe herstellen soll, die ewig bei der bemerkten Pfarrei zu verbleiben haben. Im Jahre 1395 verleiht Aebtissin Anna und Convent erbrechtsweise ihren Hof zu Jlkofen dem Ulreich daselbst. Unterm 25. Mai 1398 reservirt sich Ulrich Zobel wegen eines Gutes zu Withelthal (Biterthal). Nach Urkunde vom 23. August 1402 überläßt Aebtissin Anna und Convent eine Hube zu Mawsheim zu Erbrecht an Heinrich den Fleychsmann zu Ezelstarf, weßfalls sich dieser reservirt am 24. August 1402. Nach Urkunde vom 6. Januar 1403 erwirbt Aebtissin Anna und Convent das Fischwasser zu Dorflengenfeld an der Vils, und nach Urkunde vom selben Tage und Jahre geben Hanns Hädel, derzeit gesessen zu Stockenfels, und Margaret seine Hausfrau der Anna, Aebtissin zu Pielenhofen und Convent daselbst das Dorf Lengfelt und die Güter Chumerspruch und Eberhartzpichel auf. Eine weitere Urkunde vom 24. Februar 1403 bezieht sich auf das eben erwähnte Fischwasser. Hans und Cunrad, die Gebelstorfer von Lutzmannstein, reserviren sich gegen die Frau Aebtissin zu Pielenhofen und entäußern sich aller Ansprüche gegen die Lehenschaft der Kirche zu Utzenhofen am 2. Juli 1403, worauf sich ein Revers vom nämlichen Tage und Jahre bezieht, und im Jahre 1404 spricht auf der Landschranne zu Amberg Wilhelm Raydenbucher, Landrichter daselbst, die Hofstatt zu Dorflengenfeld der Aebtissin Anna und Convent zu Pielenhofen zu. Im Jahre 1409, 10. Juni befreit Johann, Herzog in Bayern, die Aebtissin und den Convent zu Puelnhofen von aller Gastung, Jeger und Nachtzol, und will in Anbetracht des geschwächten Zustandes dieses Klosters, daß Niemand dasselbe belästige.

— Aebtissin Sophia verkauft nach Urkunde vom 13. Juli 1409 ihr Weinzierlrecht auf dem Weingarten in Sulzbach, und im Jahre 1410 verzeiht sich Chunrad der Synnbolt aller Ansprüche wegen des Weingartens daselbst, sowie in demselben Jahre Dietrich der Mair zu Munchenriut sich aller Ansprüche gegen das Kloster und Frau Aebtissin Sophia von des Hofes wegen verzeiht. Im Jahre 1411 reserviren sich Friedrich der Hewsinger und Consf. gegen das Kloster Pielenhofen wegen eines Weinberges zu Knaeuting am Reisperg. Im Jahre 1423 stiftet Margareth Bestlerin im Kloster einen Jahrtag, und in dem nämlichen Jahre verkaufte Fritz Haiben zu Winklarn, seine Hausfrau, Tochter und Sohn dem Kloster und Frau Barbara, Aebtissin zu Puelnhofen ihre zwei Güter zu Enchenprunn, und im Jahre 1425 stiftet Friedrich Städler im Kloster einen Jahrtag, woselbst er begraben wurde.

Wie aus den vorstehenden Notizen hervorgeht, war insbesonders der Zeitraum vom Jahre 1347 bis nach 1370 für Kloster Pielenhofen kein günstiger. Um diese Zeit finden wir als Aebtissinen Agnes, 1342 bis 1350, dann Osana, 1358 bis 1370, welche beide Töchter Heinrich des Paulstorfer, Marschalk in Oberbayern, waren, dann Anna von Parsberg. Wie schon erzählt wurde, mußte Agnes der großen Noth des Klosters wegen ein Kapital zu 70 Pfund Regensburger Pfennige vom Herrn Ulrich, dem Smalnsteiner, Dechant zu St. Johann in Regensburg, aufnehmen, aber auch Aebtissin Osana mußte sich zum Almosensammeln ein Patent auswirken, welches ihr Herzog Albrecht von Bayern im Jahre 1370 für ihren Sendboten ausstellte, und Anna von Parsberg war bei Beginn ihrer Regierung veranlaßt, für 10 Pfund Regensburger Pfennige Heinrich dem Schalch ihre Weinzehenten zu Wiesent zu verpfänden, und selbst aus der Custorey Gelder borgen zu müssen, wie aus einer Urkunde vom 24. Januar 1370 hervorgeht.

Diese nämliche Aebtissin Anna von Parsberg führte eine sehr geregelte Wirthschaft, indem sie nicht nur die vorerwähnten aufgenommenen Gelder wieder heimzahlte, sondern selbst durch Kauf mehrere Besitzungen erwarb.

Ueber die spätere Beschaffenheit des Hauswesens des Klosters gibt uns ein Inventar vom Jahre 1466 Aufschluß, welches wir hier im Wesentlichen folgen lassen.

1466. Inventarium.

Item do sind gewesen XIIII geweiht Frawn, zechen Silbrin pecher, ein pecher mit einer deck. 1 beschlagens släbris köpflin, ain beschlagens näpflin. XVII beschlagen löffel, ain korellin paternoster. XII fiechtin köpff. Item zwen zinin stantner, ain zine kandel zu IIII kopffen, Drey zu III kopfen. Drey kandel zu zweyen kopffen, zwu kandeln zu dreyen Seydelen. V. köpf kandel III Seidel kandel. IIII kändelein zu halben Seydlein. X messine peck. II messin Handkandel. 3 messin Leuchtrocken. XV pank küß. XII tischtücher, VIIII Handtücher, ain gestricktes Tischtuch, VI gestrickte Handtücher, zwey trinkgleßer die von dem Stifter seind kommen, XLV zine schüßel groß und klein. V zinnerne pletter XXV zinene teller, II mörsner, ain pankloch, VI pankpolster, ain mettinpuch wnd ain diurnal ze Regenspurg in ihrer Herberg IIII metinpücher, III diurnal. In der Abtei an schuld der armen leut LXXVIIII Pfund III sch. V den: So ist vorhanden in der Burß an baarem Geld LXXXV Pfund XVII den: XXIII roß, Rindervieh XLVI haupt, XXXVI Schwein, XII pachen, IIII Rinder bürs fleisch, XII käß, IIII Zentner schmalz, IIII Zentner Smerbs. Baierisch Wein hundert XXX Aymer. Status camere Pett guter und böser LIIII, VI polster da die ehehalten auf liegen. Haupt bölster XIIII, XXIIII küß, IIII orbenküß, III Deckpett, XXXV Decke, IIII seidein gölter, XLI par Leilacher.

Status custore. VIII vergulten stück Heiltumbs, zwu Tafeln mit Heiltum und ain kleines täfelein. Newn kelch, ain silbris klein kelchlin. So die Frawn communiziren, gibt man ihnen baraus zu trinken. 1 Creutz mit dem Handtstang an bem ain parillen mit Hailtumb gefaßt, zwei silbrin claine übergülte creutzlin, lewstlin mit Hailtumb, III lebig parillen, V gulben ringlein, V silbrin löffelein 2c., 1 silbrin übergulten aptstab, 1 Brieff mit silbrin übergulten Buchstaben, ain Altarstein.

Im Kloster befanden sich vierzehn geweihte Frauen. Mönche sind nicht benannt, obschon zu allen Zeiten sich solche im Kloster befanden, um die Zeit von 1466 aber nur mehr zur Verrichtung der geistlichen Functionen, während sich früher laut einem Regest von 1270 und 1277 beiläufig sieben Mönche theils für geistliche, theils für weltliche Aemter finden; jene letzterer Art hören mit dem Jahre 1364 wieder auf, und traten an deren Stelle Laien, denen größtentheils Pfründen — im Pfründehause des Klosters — verliehen wurden. Als solche Mönche finden wir in den Urkunden verzeichnet 1268 und 1270 Cunrad, 1269 Warmund, 1270 Heinrich, Priester, 1270 Wirnricus, Priester, 1270 Fr. Popo, 1270 Fr. Heinrich, genannt Waezsinger, 1270 Fr. Hermann, 1271 und 1278 Fr. Ulrich, Kaplan, 1277 Bertold, Bruder zu Pielenhofen, 1277 Heinrich, Bruder zu Pielenhofen, 1277 David, und 1277 Gottfried, Bruder zu Pielenhofen, 1278 Fr. Hugo von Kaisheim, 1278 Fr. Ernst de Forstersperg, 1278 und 1281 Fr. Cunrad, Hofmeister, 1278 und 1283 Fr. Albert de Cottenaw, 1278 und 1283 Fr. Bertolt de Faber, 1278 Fr. Otto Sutor, 1285 Fr. Bertolt dictus Vasolt, 1286, 1298, 1299,

1305, 1308, 1313 und 1321 Fr. Herwort (Hierbot) der Frauen Beichtiger und Althofmeister, 1299 und 1305 Oertwein der Propst, 1305 Ruedgar, Bruder, 1305 Cunrad der Schädrlz, Bruder, 1308 und 1313 Fr. Heinrich von Pegning, 1308 Fr. Rüdiger der Schuchmeister, 1313 und 1321 Fr. Gebhart zu Kiesenholz, 1321 Fr. Heinrich, 1321 Fr. Eker, 1322 Fr. Cunrad der Saerchinger, 1322 Fr. Herwich (Herweig) der Schulmeister, 1322 und 1324 Johann Fr. der Kursenmeister, 1324 Herrmann Fr. Hofmeister, 1324 Herwort Fr. Siechmeister, 1326 Fr. Albrecht, der Meister, 1342, 1343, 1346 und 1347 Fr. Wirnher, Kastner, 1342, 1348 Bruder Ulrich der Tegerndorfer, Meister, 1347 Fr. Rueger, der Hofmeister, 1342, 1347, 1359 Fr. Rueger, der Propst, 1347, 1348 Fr. Conrad der Saerchinger, Hofmeister (1348 Meister im Kiesenholz), 1350 Fr. Heinrich, der Schuhmeister, 1364 Bruder Albrecht, der Henbegt, Propst.

Aus dem vorbeschriebenen Inventar ist auch der Viehstand von 13 Pferden, 46 Stück Rindvieh, 36 Schweinen 2c. ersichtlich, daher sich annehmen läßt, daß der Selbstbetrieb der Oekonomie nicht von Bedeutung gewesen sein kann. Der dem Kloster gehörige Münchshof in Kiesenholz wurde in den Jahren 1313 bis 1364 ohne Zweifel von dem Kloster selbst bewirthschaftet, weil es dortselbst eigene „Maister" hatte.

Im Nordgau wurde der Weinbau in jener Zeit und noch mehr im Mittelalter sehr stark betrieben, und hatte das Kloster Pielenhofen, wie schon erwähnt wurde, viele Weinberge und Weinzierlrechte.

Ausserdem hatte das Kloster, wie gleichfalls schon bemerkt, bedeutende Schäfereien und Schafweiderechte. Das Bestehen eines Klosterbräuhauses in Pielenhofen ist in dem Vertrage zwischen der Aebtissin Anna und dem Pfarrer Raldenwanger vom Jahre 1468 nachgewiesen. In diesem Vertrage kommt vor, daß dem Pfarrer ein gewisses Quantum Bieres aus dem

Klosterbräuhause zu verabreichen sei (Vgl. d. Regest d. Urkunde v. J. 1468). *)

Die zum Kloster gehörigen Gärten waren: der Hopfengarten, an das Kloster anstoßend, an der Straße; ein Weingarten, der Garten bei dem Mayerhaus, der Pfarrgarten, ein Garten bei dem Thore, darinnen ein Hundsstall verschlagen, und ein kleines Gärtlein. Die Waldungen kamen zum größten Theile als Zugehörungen verschiedener Güter in den Besitz des Klosters, wie aus den Regesten hervorgeht. Die Waldung in Mynichriede. (Münchsrieb) erhielt das Kloster mit der Vogtei daselbst, welche Habamar von Laber im Jahre 1252 dem Kloster mit einer Wiese im Hunrab schenkte. Das Holz, gelegen an dem Chanstein, und die Kugelwiese bei Pielenhofen überläßt Bruder Chunrat, Meister des Spitals in Regensburg an der steinernen Brücke und der Convent daselbst unter gewissen Bedingungen dem Kloster im Jahre 1320. Aebtissin Geisel und Convent verleiht dem ehrsamen Manne, Ulrich von Tuffendorf, ein Holz zu Tuffendorf, genannt Tävenleithen im Jahre 1358. **)

Cunrad der Freiberger verkauft an die Frau Aebtissin Osana und Convent ihre eigene Holzmark, gelegen zu Lebeneck auf dem Berg.

Ferner besaß das Kloster Pielenhofen an Mühlen die sogenannte Nützleinsmühle und jene zu Pielenhofen am Gestade. Ob erstere auch wieder verliehen war, wie letztere ist aus den Urkunden nicht ersichtlich. Im Jahre 1341 leiht

---

*) In Beziehung auf die Behandlung des Biersudwesens im Allgemeinen ist eine unter den bei dem k. allgemeinen Reichsarchive vorhandenen Klosterdocumenten befindliche Urkunde von Interesse, inhaltlich welcher im Jahre 1317 wegen kalter Witterung Mangel an Getraide war, und deshalb vom Kaiser und den bayerischen Herzogen angeordnet wurde, daß Niemand in diesem Jahre weder brauen noch malzen solle.

**) Vgl. d. Regest vom 13. Mai 1358.

Aebtiſſin Elspetha dem Herrn Cunrat von Ernfels 8 Pfunde Regensburger Pfennige, wogegen ſich derſelbe aller Anſprüche auf die Nützleinsmühle und die Höfe zu Ruckeshoven begibt, ſo daß es in dieſer Beziehung zwiſchen ihnen gehalten werden ſoll, wie vordem.

Derſelbe Cunrat von Ernfels ſchenkt dieſe Güter mit den Höfen zu Rechperch im Jahre 1346 dem Kloſter mit allen anderen Gütern, welche es von ſeinem Vater und Vetter und allen ſeinen Vorvorderen inne hat. Dieſer Akt erſcheint Seitens des Cunrat von Ernfels weniger als eine Schenkung, als vielmehr eine Beſtätigung früherer Schenkungen ſeiner Ahnen. Demnach war die Nützleinsmühle ſchon zuvor im Beſitze des Kloſters.

Das Kloſter beſaß ſchon vor dem Jahre 1372 eine Mühle. Aebtiſſin Anna, die Parsberger, gibt im Jahre 1372 dem Caspar Mülner, der auf des Kloſters eigner Mühle ſitzt, zu ſeiner Ergötzlichkeit für die Arche 2 Tagwerke Wiesmad in der Langwieſen. Der dortige Pfarrer Cunrad erkauft im Jahre 1375 von der Aebtiſſin Anna und dem Convente daſelbſt die Zehenten zu Nittendorf und die Mühle zu Pielenhofen um 50 Pfund Regensburger Pfennige und beſtimmt hiebei, daß ſie nach ſeinem Tode wieder dem Kloſter gegen Abhaltung von Jahrtagen (einem am Feſte St. Margareth mit vollem Amte) zufallen ſollen.

Im Jahre 1381 erkauft eben dieſe Aebtiſſin Anna von Ulrich dem Kotnawer die Mühle am Geſtade zu Pielenhofen um 36 Pfund Regensburger Pfennige, und 1383 verleiht das Schottenkloſter zu Regensburg dem jeweiligen Müller das Gut: „Chalbſegen" gegen jährlichen Zins. Dieſe Mühle hat das Kloſter als ein Erbzinslehen verliehen. Im Jahre 1397 wird dieſelbe durch Cunrad und Heinrich, die Mülner, erbaut (unter dem Waſſer und darüber mit 4 Rädern), ſie erhalten 1½ Jahre lang Zinsfreiheit.

Heinrich Müllner und ſeine Ehefrau verzichten im Jahre 1400 auf das ihnen zuſtehende Erbrecht auf des Kloſters eigenen Mühle am Geſtade zu Pielenhofen.

Die in Pielenhofen bestandene Urfahr (Ueberfahrt) mit ihren Zugehörungen war theils dem Kloster gehörig, theils rührte dieselbe den Hofern zum Newnhaws und Liebenstain zum Lehen; später kam der letzte Theil an die Gießer und 1532 auch an das Kloster.

Nach einem Entscheid von 1347 gehört das Wazzer und daz Urfar mit den dazu gehörigen Hofstätten zu Puelenhofen an die Hofstatt, die „Sluchtlinne" stoßend, Chunrad dem Stegnaer.

Im Jahre 1373 verkauft Mirbot, der Waltenhofer, Bürger zu Regensburg, an Cunrad den Prummer daselbst die Taferne und die drei Hofstätten zu Pülnhofen sammt Aeckern, Wiesen und Fischwasser, welche Hanns dem Hofer lehenbar. Im Jahre 1378 am 8. Januar verkaufen Chunrat der Müllner und Chunrat der Stegnaer Eidam, gesessen zu Puelnhofen, ihre dem Herrn Hannsen dem Hofer zu dem Newnhaws lehenbare Aruar und die fünf zu Pielenhofen gelegenen Hofstätten — an Chunrat den Prummer zu Regensburg. Im Jahre 1398, am 16. Februar verkaufen Chunrat der Prunner und seine Söhne Ott und Heinrich, Bürger zu Regensburg, ihre den Hofern (Georg, Dyetreich, Degenhart und Hans Gebr.) zu Lobenstein zu Lehen rührenden Rechte an dem Urfar und an der Taferne zu Puelenhofen mit sammt den Zinsen, die dazu gehören, dem Kloster daselbst. Die betreffende Urkunde ist mit dem Siegel der Prunner versehen, welche in ihrem Wappen landwirthschaftliche Attribute, als Getreideähren, eine Sichel u. dgl. führen. Die Hofer zum Liebenstein (Lobenstein) in Bayern haben drei ausgeeckte rothe Sparren, jeden mit drei Zinnen und silbernem Schilde.

Unser Kloster Pielenhofen, welchem der halbe Theil der erwähnten Besitzungen ohnehin zum rechtlichen Eigenthume gehörte, setzt auf den erworbenen anderen Theil Cunrat den Vohenstainer, Bürger zu Regensburg, als Lehenträger.

Im Jahre 1532 verkauft Ludwig der Gießer von Winzer seine Lehen zu Pielenhofen, nämlich die Urfar sammt Taferne, ein Gütl am Gestad, eine öde Hofstatt oberhalb des

Schmidstadels am Berg, das Hochhaus mit Stadel — dem Kloster.

So weit die Urkunden Aufschluß geben, befanden sich innerhalb der Klostermauern außer den Klostergebäuden selbst die Klosterkirche, die Pfarrkirche, das Siechhaus, das Pfründehaus und Kaplanhaus. Im Jahre 1655 kam Pielenhofen unter gewissen Bedingungen an Kloster Kaisheim, und in Reisach's Beschreibung des Herzogthums Neuburg finden wir, daß P. Hyacinth del Neuffe aus Kloster Kaisheim und Administrator zu Pielenhofen den Stock nächst dem Bräuhause daselbst und P. Columban Mayer den vorderen und großen Stock, dann auch die Kirche von Neuem aufgebaut habe. So dürften auch die Altäre und der Hochaltar, sowie das Altarbild — Himmelfahrt Mariä — jener Zeit angehören. Von Denkmälern aus jener Zeit sind noch vorhanden zwei im Klostergarten befindliche; das eine ist ein gemeinschaftliches Denkmal derer von Hohen- und Ehrnfels, das andere ein Gedächtnißstein der Frau Barbara Zenger, Klosterfrau zu Stift Obermünster. Die Ehrnfelser haben „in der Mitte des Münsters" zu ihrer Begräbniß einen Altar gestiftet, welchem Heinrich und Conrad von Ehrnfels († 1349) aus den Einkünften ihres Dorfes Lengenfeld bei Amberg zwei Pfunde zuwenden; sie bestimmen, daß dem jeweiligen Priester, der den Altar zu ihrer Begräbniß besteigt, „an sant Walpurgentag ein Pfund und an sant Michelstage gleichfalls ein Pfund" zu verabreichen sei, 1332. Aus der Bestätigungs-Urkunde des Chunrad von Ehrnuels des Jungen vom Jahre 1343 ist zu ersehen, daß die Grabstätte sich unterhalb dem Altare befand. Es frägt sich, ob das erwähnte im Klostergarten befindliche Hohen- und Ehrnfels'sche Grabdenkmal mit jenem in Mitte „des Münsters" gleichbedeutend ist. Wenn dieß der Fall, so mag dasselbe während des unter P. Columban Mayer geschehenen Neubaues der Kirche in den Klostergarten transferirt worden sein, oder aber es ist da, wo dieses Denkmal steht, die alte Kirche gestanden, und es mag die Ruhestätte der Ueberreste jener Edlen aus Pietät hier belassen worten sein, wofür zunächst der Umstand spricht, daß das Grabdenkmal im Garten sich befindet, während es doch eigentlich im Gottesacker sein sollte. Inschrift und Bild sind mittelalterlich, und nicht nur die Schrift des andern Steines — der Zenger —, sondern auch der Kunstgeschmack gehört jener Zeit an. Oberhalb des Ehrnfels'schen Denkmals ist das Bild der Grablegung Christi (en bas relief) und das oberhalb der Zenger'schen Grabinschrift angebrachte Bild (en bas relief) ist ein Vesperbild. Die heilige Jungfrau, welche durch späteres unförmliches Zusammensetzen von Haupt und Rumpf verunziert ist, hält den Leichnam ihres göttlichen Sohnes im Schoße. Ganz nahe zur Rechten sitzt eine weibliche Figur, welche vielleicht St. Magdalena vorstellen soll, doch von der gewöhnlichen Darstellung dieser Heiligen wesentlich abweicht. Nebenan stehen zwei Pilger, der erste trägt eine mit einer Muschel geschmückte, turbanartige Kopfbedeckung. In der Linken bemerkt man einen Rosenkranz, an welchem sich wohl statt der Ave Maria und Pater noster ein Glöckchen befindet. Die andere Hand hält eine Pilgerflasche, an der Seite gewahrt man eine Waldtasche, der lange Stab ruht zwischen den Armen. Dicht hinter diesem ersten Pilger steht eine andere Figur, entblößten Hauptes, Haare und Bart gelockt, über dem langen Kleide trägt auch er einen Pilgermantel, doch ist er barfuß, indeß jener erste Pilger zweimal gebundene, bis über die Knöchel reichende Halbstiefel trägt. Zur linken Seite der heiligen Jungfrau befindet sich der heilige Evangelist Johannes und die heilige Barbara mit einem Miniaturthurme in der Linken. Unterhalb der Inschrift bemerkt man zwei Nonnen in knieender Stellung, welche nach ihrer Tracht verschiedenen Orden anzugehören scheinen. Diese Figuren mögen eine Höhe von beiläufig 8 Zoll haben. Zwischen den Bildern befinden sich zwei Wappen, wovon das eine ein geschlossenes Visir zeigt, dessen oberer Theil eine Krone bildet, welche wieder von einer symbolischen, aber nicht mehr erkenntlichen Darstellung übertragt wird. Das andere Wappen scheint statt des Visirs einen Frauenkopf gezeigt zu haben; auch ihn schmückt eine Krone, aus welcher oben eine Art Spitzbächlein hervorragt. Die Inschriften der beiden Grabdenkmäler der Hohen- und Ernfelser und der Zengerin lauten vollständig:

(In der Mitte:)

IN HAC FOSSA IACENT OSSA
D. D. IN HOHEN ET ERNFELS

Qui legarunt multa bona. Hinc laudantur ut fautores
Et fecerunt largo dona Necnon quasifundatores·
Huic monasterio Nuncupantur merito
Requiescant in pace.

(Auf der rechten Seite:)

ANNO DNI MCCCXLII obiit D chunradus
de Hohenfels in crastinos scholasticae
Virginis
ANNO DNI MCCCXLIX Kale Martii obiit D
chunradus de Ernvels

(Auf der linken Seite:)

ANNO DNI. MCCCIV. IV. Kale Aprilis obiit
Al. R. de Ernvels.

ANNO DNI MCCCIV NON Aprilis obiit
D. H. de Ernfels.

Hoc. Opus. Velut. Futuram. memo… m. Fecit. Fieri. wenerabilis. Et. Nobilis … devo- ta. Domina. Barbara. Zengerin. Canonissa. Superioris. monastery. Kayspo- nen .. anno. Salutis. 1498.

Von einer Begräbnißstätte derer von Aw finden wir Nichts, obschon sich eine solche vermuthen ließe. Im Jahre 1372 stiftet nämlich Görg der Aw in das Klostergotteshaus auf den Katharinen-Altar eine ewige Messe, und gibt hiezu das Gut zu Rordorf, dann einen Hof zu Saechsenhofen und die Chrybelsperch mit Zugehörungen. Von dem Einkommen dieser Güter soll ein Kaplan täglich die Messe halten und sein (Aw) und seiner Frau Anna Begräbniß daselbst gehalten, auch sollen von einem der Custorey noch weiters geschafften Hof zu Chirchenpuck die Meßgewänder angeschafft werden, wobei noch bestimmt wird, daß der Kaplan innerhalb der Klostermauern Wohnung nehmen soll, wozu er (Aw—Auer) demselben ein Haus bauen will.

Hieraus ist zu entnehmen, daß die Auer die Erbauer des Kaplanhauses waren, und schon damals ein der heiligen Catharina gewidmeter Altar bestand, auf welchem die Auer'sche Messe gehalten werden soll. Ein Siechhaus finden wir schon vor und in dem Jahre 1325 als bereits bestehend bei dem Kloster Pielenhofen. Bruder Herwort war im Jahre 1324 Siechmeister. In der Nähe von Pielenhofen waren noch drei Siechenhäuser, nämlich zu Regensburg (Spital), Lengenfeld und Helfenberg (Sundersiechen — Reg. boica S. 184.). Doch keine andere solche Anstalt war mit einem Kloster in so enger Verbindung, als dieses Pielenhofer Siechenhaus. Hermann der Maeller, Bürger zu Regensburg, schenkt dem Kloster Pielenhofen, in welchem sich seine Tochter Elspet und seines Bruders Tochter Chrichstein befinden, für ihr Siechhaus ein Pfund Geld von dem Chanstein am 24. August 1325. Heinrich und Cunrad von Ehrnfels (letzterer starb im Jahre 1349 und liegt in Pielenhofen begraben) schenken dem Kloster ihr Dorf Lengenfeld, wovon die Einkünfte 12 Pfunde betragen, welche der Meister von Pielenhofen einnehmen soll. Hievon hat derselbe dem jeweiligen Priester, welcher den Altar zu ihrer Begräbniß — mitten in der Kirche zu Pielenhofen — besingt, an „sant Walpurgentag ein Pfund und an sant Michelstage gleichfalls ein Pfund" zu verreichen. Die übrigen zehn Pfunde soll man den armen Leuten, welche durch ihren Vater und Vetter Cunrad — den Gott genad — sei es durch Raub oder Brand, Steuer und Vangnuzz Schaden genommen, in Gegenwart zweier ihrer pesten und wegsten Leute — einen von Helfenberch und einen von Ehrnvels — auf dem Schwaighof zu Helffenberch geben, bis sie abgefertigt sind. Wenn dieß geschehen, dann sollen von diesen 10 Pfund dem Siechhaus in Pielenhofen und 2 Pfund beim Katharinenspitale zu Regensburg gehören. Im Jahre 1343 am 29. September stellt Conrad der Junge — Sohn des vorigen Cunrad † 1349 — hierüber Verzichtsurkunde aus.

Im Pfründehause waren meistens die Lalenbediensteten (nach 1364 traten an die Stelle der Mönche für die weltlichen Aemter Laien) untergebracht. Es bestand noch im Jahre 1526; in diesem Jahre gibt Elisabeth Müllerin von Pielenhofen, Pfründnerin im Pfründehause des Klosters, ihren letzten Willen kund.

Das Kloster Pielenhofen selbst lag im Territorialverbande des Herzogthums Bayern, im Landgerichtsbezirke Lengenfeld, unter dessen Jurisdiction dasselbe stand, und bei welchem es Recht zu suchen hatte. Einzelne Klosterunterthanen und Güter waren aber auch zu den Landgerichten Wörth, Kelheim, Amberg u. s. w. jurisdictionsbar. Uebrigens hatte das Kloster über seine Unterthanen selbst zu richten, was nach einem Spruchbrief vom Jahre 1422, dem gemäß Habamar von Laber, der Jüngere, sich deßhalb Eingriffe erlaubte, altem Herkommen nach vor den Pforten des Klosters zu geschehen hatte. Schon im Jahre 1310 sprach Altmann der Kemnater, Landrichter zu Lengenfeld, der Frau Abtissin Anna diese Befugniß zu. Ausserdem aber hatte das Kloster hierüber kaiserliche Schutz- und Befreiungsbriefe. Der römische König Ludwig nahm in gleicher Weise wie seine Vorfahren Conrad, Rudolf, Adolf, Albert und Heinrich das Kloster Pielenhofen in seinen besonderen Schutz, wonach der Abtissin das Recht zugestanden wurde, über ihre Leute zu richten „und konnten selbe vor kein anderes Gericht gezogen werden, außer einem der kuniglichen Wirdigkeit" 1318.

Diese Freiheit wurde dem Kloster auch bestätiget von den bayerischen Herzogen Ludwig dem Brandenburger im Jahre 1352, Albrecht 1370, Johann und Sigmund 1460 u. s. w., so daß wir unser Kloster stets unter fürstlichem Schutze finden, was wohl am besten dessen segensvolle Wirksamkeit bekundet.

Wir lassen nun die aus den Urkunden ersichtlichen Namen verschiedener Aebtissinen und Frauen unseres Klosters Pielenhofen folgen:

A. Aebtissinen.

Irmgard, 1240.

Mechtild, 1271—1278.

Elisabeth, 1283—1305.

Elisabeth, Muhme der Grafen Albrecht und Alram von Hals, 1306—1309.

Irmgard, 1321 und 1322.

Geisel von Rordorf, 1323—1338.

Elspeth, 1341.

Agnes, 1342.

Agnes, wahrscheinlich eine geborene von Paustorf, 1345—1358.

Osana desgleichen, vielleicht auch Enkelin des Weigand von Trausnitzt.

Anna von Parsberg, 1370—1390.

Anna die Ehrnfelserin, 1395—1403.

Sophia, 1409—1411.

Elisabeth, † 2. Februar 1420.

Barbara von Sauerzapf, 1420—1427.

Agnes die Fuchsin, 1430—1445.

Anna die Groffin, 1446—1483.

Margareth die Frankengrünerin, 1501—1503.

Magdalena die Mecherin, 1518—1538.

Scholastica Altheimerin, 1540—1554.
Anna Spannaglin, 1556—1559.

B. Klosterfrauen.

Juta von Löweneck, 1278.
Die Wittwe des Bertholb von Frauenberc, Schwester Cunrads von Luppurg, 1278.
Hedwig von Ernfels, 1300.
Elisabeth, 1300.
Osana von Trausnitz, Enkelin des Weigand von Trausnith, 1305—1320.
Geisel von Rordorf, 1313, später Aebtissin.
Agnes und Osana von Paulstorf, die späteren Aebtissinen. 1323—1342.
Zenger, 1331.
Christina Maeller, 1330.
Agnes die Ettenstatterin, 1337—1372.
Elspet die Zandin, 1339.
Agnes und Elspet die Taucherin, 1343—1348.
Mechtild Peter, 1342—1350.
Anna von Awer, 1346.
Anna Präntlin, 1424.
Biber Barbara, 1450—1458.
Anna die Rabensteiner aus Teublitz, 1491.
Magdalena die Eytenharterin, 1494.

IV.
Kloster Pielenhofen in der Zeit von der Reformation bis zur Säcularisation.

Für den Zeitraum von der Reformation bis zur Säcularisation finden sich nur wenige Notizen über Kloster Pielenhofen. Nachdem zur Zeit der Reformation auch in den pfalzneuburgischen Landen die protestantische Religion war eingeführt worden, stellte man das Kloster unter Administration mit weltlichen Pflegern, worunter Julius Cäsar Visconti, welcher zum Protestantismus übergetreten, späterhin aber wieder zur katholischen Religion zurückgekehrt sein soll, genannt wird. Derselbe liegt in der Pfarrkirche zu Schmidmühlen begraben. Bei dem im Jahre 1604 zu Burglengenfeld und Callmünz gehaltenen Landgericht wird Herr von Schärpfenberg als Pfleger zu „Bielenhofen" angeführt. *)

Der Pfalzgraf Otto Heinrich gestattete den Nonnen, Zeit Lebens im Kloster zu verweilen, und ließ ihnen den nöthigen Unterhalt anweisen.

Im Jahre 1655 wurde dieses Kloster dem Reichsstifte Kaisheim Ord. S. Bernardi eingeräumt, welches von nun an bis zur Säcularisation mehrere Patres unter einem Superior dahin sandte. Der erste Superior, damals Administrator genannt, war P. Georg. Andere Superioren waren: PP. Hyacinth, Columban, Leopold, Joachim, Ulrich, Bertrand, Candidus und Alphonsus.

P. Hyacinth bei Neuffe erbaute das Bräuhaus und den angrenzenden Theil des Klosters, den vorderen Haupttheil

---

*) Reisach Frhr. v., Historisch-topographische Beschreibung des Herzogthums Neuburg. Regensburg bei Montag 1780.

desselben aber, sowie die Kirche erbaute P. Columban Mayer. Dieser, gestorben am 15. April 1733, sowie die Superioren P. Joachim Huebner, gestorben am 29. Juli 1761, und P. Bernard Oth, gestorben am 9. Dezember 1766, ruhen in der Kirche unter großen Grabsteinen.

Ueber der Thüre zum Bräuhause steht die Jahreszahl 1702, über dem Portale der Pfarr- (vormals Kloster-) Kirche steht „anno 1719", und im Friedhofe nächst dieser Kirche, welcher jetzt als Schulgarten verwendet ist, steht ein lebensgroßes steinernes Cruzifix mit der Jahrzahl 1739.

Nach der Säcularisation wurde das Kloster als Central-Kloster für die Karmelitinen der aufgehobenen Klöster zu München und Neuburg bestimmt, welche nun alle in diesem Friedhofe nächst der Kirche (jetzt Pfarrkirche) die erwünschte Ruhestätte gefunden haben. Die Grabsteine sind in die Mauer eingefügt und tragen die Inschrift:

Hier ruhen die sterblichen Ueberreste der wohlehrwürdigen Klosterfrauen aus dem Münchener und Neuburger Convent.

Es sind die Namen von 26 Frauen, einschlüssig der Laienschwestern, aufgeführt; ausserdem sind noch drei Grabsteine von drei Karmelitinen und ein solcher eines Minoriten vorhanden.

V.

Die Wiedererstehung des Klosters Pielenhofen.

Zwei edle Männer waren es, deren sich die göttliche Vorsehung bediente, um Kloster Pielenhofen wieder erstehen zu lassen.

Der k. Reichs- und Staatsrath und Präsident der k. Regierung der Oberpfalz und von Regensburg, Eduard von Schenk und der hochwürdigste Bischof von Regensburg,

Franz Xaver von Schwäbl, Männer der reinsten und edelsten Gesinnung, bewährt in der Lauterkeit ihrer Absichten und erprobt in der Festigkeit des Charakters, wie das Gold im Feuer, hatten sich im schönen Bunde in dem Entschlusse vereiniget, ein geistliches Erziehungs-Institut für die weibliche Jugend zu errichten, und war ihnen dieser Gedanke um so näher gelegen, als die Stadt Regensburg selbst, in welcher diese beiden unvergeßlichen Männer wohnten, kein ähnliches Institut damals besaß, vielmehr nur öffentliche Volksschulen daselbst bestanden. Eduard von Schenk, in welchem, wie sich ein Biograph in der „Charitas" (Taschenbuch) für das Jahr 1843 ausdrückt, „Gemüth die Grundlage seines Wesens, dessen Seele voll Begeisterung für das Ideale war," hatte als früherer Minister des Innern, wie späterhin als Präsident der Regierung zu Regensburg offen und ungescheut seinem kirchlichen Bewußtsein Ausdruck gegeben; er hatte es erkannt, daß nur auf sittlich religiöser Grundlage der Staat gedeihen könne, und daß es vorzüglich die weibliche Jugend sei, in welcher der sittlich-religiöse Sinn geweckt und gefestigt werden müsse, da ja die weibliche Jugend es ist, aus welcher die Mütter und Hausfrauen hervorgehen, denen wiederum die Erziehung der ihnen anvertrauten Kinder und Untergebenen zur Lebensaufgabe wird. Eduard von Schenk war innig religiös; von den feinsten Umgangsformen, war er freundlich und herablassend gegen Jedermann, wohlwollend gegen Alle bei jedem Anlasse.

In welch' innigem Verhältnisse der treffliche Staatsmann zu den Bischöfen Johann Michael von Sailer und Georg Michael Wittmann zu Regensburg gestanden, davon gibt in rührender Weise der Beitrag zu ihrer Biographie Zeugniß, welchen Eduard von Schenk in seiner „Charitas" für das Jahr 1838 niedergelegt hat. Er sagt in der Einleitung hiezu, daß seinen Beruf zu dem über die „beiden großen Todten" hier niedergeschriebenen Zeugnisse der Umstand verbürgen möge, daß er mit Sailer ein Vierteljahrhundert hindurch theils in persönlichem freundschaftlichen Umgange, theils in einem fast ununterbrochenen Briefwechsel gestanden, mit Wittmann dagegen zwar viel seltener, jedoch zum Theil in bedeutenden Augenblicken in Berührung gekommen sei. Seinem im Ganzen ruhig und stille dahingeflossenen Leben fehlte es doch auch nicht an bitteren Erfahrungen, welche ihm als Minister des Innern namentlich das Jahr 1831 in reichlichem Maße einbrachte, als er in Betreff der Presse auf dem versammelten Landtage schwer angegriffen wurde. Er trat nach beendigtem Landtage als Mann von Ueberzeugung vom Ministerium zurück und wurde vom 1. Juni 1831 an zum Generalkommissär und Regierungspräsidenten des damaligen Regenkreises ernannt. Das Regierungsblatt von 1831 Nr. 21 gibt Rücktritt und Ernennung in folgenden Worten bekannt: „Se. Majestät der König haben Sich unterm 26. Mai allergnädigst bewogen gefunden, die von dem Staatsminister des Innern, von Schenk, erbetene Entlassung von dieser Stelle (die Allerhöchstsie den edlen Beweggrund, welcher ihn zu diesem Schritte bestimmte, erkennen und zu schätzen wissen) — unter Bezeugung der vollen Zufriedenheit mit seiner Geschäftsführung und der gegen Allerhöchstdieselben bewiesenen Treue und Ergebenheit, anzunehmen, und denselben zum Staatsrath im außerordentlichen Dienste und zum General-Commissär und Regierungspräsidenten des Regenkreises vom 1. Juni d. J. an zu ernennen."

Eduard von Schenk hatte in all' seinen hohen amtlichen Stellungen dem Rechte und der Wahrheit eine feste Stütze verliehen, er war insbesonders als Regierungspräsident auf seinen jährlichen Inspectionsreisen wegen seiner feinen Sitte, seiner Herablassung und wegen des gründlichen Eingehens auf alle einschlägigen Verhältnisse hoch verehrt. Der edle Mann starb zu München am 26. April 1841 im noch nicht vollendeten 53. Lebensjahre, viel zu frühe für König und Vaterland, — denn Eduard von Schenk hatte das Beste gewollt, er war als Staatsmann in seinem innersten Wesen einer Richtung abhold, welche ohne festes Prinzip sich nur zum Träger der Tagesmeinung hergiebt, und daher weder monarchisch noch demokratisch ist, und welche, wenn sie von einer Regierung sich angeeignet wird, zahllose Parteien hervorruft, und unaufhaltsam den Staat in eine Lage der Verwirrung und des gegenseitigen Mißtrauens versetzt, aus welcher eine Rettung nur nach den traurigsten Katastrophen möglich ist. Eduard von Schenk war seinem Könige mit der innigsten Ergebenheit zugethan, sein König war ihm ein unzertrennlicher Theil seines eigenen Wesens, er ließ keine Perle in der Krone nur von ferne berühren, und hat muthig und standhaft alle Versuche von Eingriffen in königliche Rechte zurück gewiesen.

Des edlen Mannes Wesen hat wohl er selbst am besten dargestellt in einem von ihm verfaßten, in der „Charitas" von 1840 enthaltenen Gedichte unter der Bezeichnung:

Gelübde.

Treu meinem Gott und Gottes Sohn,
Der Kirche treu, die er gegründet,
Ihr ewig treu, ob Wuth und Hohn
Der Welt sich gegen sie verbündet.

Doch Lieb' auch gegen jedes Herz,
Das ihren Segen noch nicht achtet,
Doch in des Lebens Wahn und Schmerz
Nach Licht und heil'gem Frieden trachtet.

Treu meinem Könige, immer treu,
Ob ihn die Zeit lob' oder schmähe,
Und für ihn kämpfend ohne Scheu
In seiner Fern', in seiner Nähe.

Doch folgend auch vor seinem Thron
Der Wahrheit stets, der Ehre Pfaden,
Vorziehend des Bewußtseins Lohn
Dem ganzen Füllhorn ird'scher Gnaden.

Der Freiheit treu, wie sie im Staat
Durch weise Satzung sich gestaltet,
In deren Schirm aus reicher Saat
Wohlstand und Wohlthun sich entfaltet.

Doch Haß der Freiheitsheuchelei,
Die stürzt Altars-, Throns-, Volkes-Rechte,
Damit des Pöbels Führer frei
Und alle Freien werden Knechte.

Dem Geiste treu, dem Zeitgeist nicht,
Der Weisheit treu, die aus der Einung
Der Besten aller Zeiten spricht,
Doch nicht des Tages flücht'ger Meinung.

Dem Alten treu, das aus dem Strom
Der Zeiten ward zu uns gerettet,
Hab' es in Burg sich oder Dom,
In Dorf sich oder Stadt gebettet.

Doch auch dem Neuen, Frischen hold,
Des Geistes jüngster Offenbarung,
Die sich bewährt als laut'res Gold
Am sichern Prüfstein der Erfahrung.

Treu meinem schönen Mutterland,
Das mich geboren und erzogen,
Begrenzt von weißer Alpenwand,
Getheilt von blauen Stromeswogen.

Doch treu auch meinem Vaterland,
Mit dem ich rede, dicht' und denke;
Treu Teutschlands festem Eintrachtsband,
Das Fürsten stets und Völker lenke!

Richten wir unsern Blick nach jenem andern Manne, welcher in Vereinigung mit Eduard von Schenk sich die Wiederherstellung unseres Klosters Pielenhofen zur Aufgabe machte, so begegnet uns in dem edlen und unvergeßlichen Bischofe Franz Xaver von Schwäbl ein nicht minder freundliches Bild, welches wohl der dauerndsten Erinnerung würdig ist. Es kann nicht die Aufgabe dieser Blätter sein, das Wirken des trefflichen Oberhirten zu schildern, — ein großer Todter, der ehemalige Dombechant zu Regensburg und späterhin Cardinal-Fürstbischof zu Breslau, Melchior Freiherr von Diepenbrock, hat in einer unvergleichlichen Trauer-Rede auf den Hintritt des Bischofes von Schwäbl diesem allgeliebten Manne ein herrliches Denkmal errichtet, und der Schematismus der Geistlichkeit des Bisthums Regensburg für das Jahr 1842 bietet uns an der Spitze der chronologischen Notizen für das Jahr 1841 ein so schönes Bild des Verewigten, daß wir wohl nur darauf hinzuweisen brauchen, um uns an den großen Verdiensten des Hochseligen zu erbauen, welche er sich in so reichem Maaße um das weit ausgedehnte Bisthum erworben hat. Der edle König Ludwig aber hat in einem Allerhöchsten Kabinetsschreiben an den damaligen k. Regierungspräsidenten zu Regensburg, Freiherrn von Zu-Rhein dd. Brückenau 20. Juli 1841 tiefes Bedauern über den Hintritt des trefflichen Bischofes und die Bereitwilligkeit auszudrücken geruht, zu einem Denkmale für den Hochseligen, falls ein solches beabsichtigt würde, einen Beitrag von dreihundert Gulden zu zeichnen mit dem huldvollsten Beisatze: „daß Ich der Erste bei solcher Zeichnung, soll ein weiterer Beweis sein, wie sehr Ich Ihn geschätzt habe."

So ehrte König Ludwig, wie er einst das Grab seines treuen Dieners Eduard von Schenk auf dem Friedhofe zu München im frommen Andenken mit Weihwasser besprengte, auch den trefflichen Bischof von Schwäbl noch im Tode, — jener große König, welchem es beschieden war, glücklich zu sein während einer dreiundzwanzigjährigen Regierung in der Wahl der Männer, welche sein Vertrauen zu den höchsten weltlichen und geistlichen Stellen berief. Bischof von Schwäbl war im Umgange frei von jeder beengenden Form ungeachtet aller Feinheit seiner Sitte, freundlich und herablassend, so daß man in ihm, wenn ihn nicht das goldene Kreuz an der Brust und der Hirtenhut als Oberhirten zu erkennen gegeben hätte, wohl nur einen schlichten Landgeistlichen gesucht haben würde. Der edle Bischof war von Demuth erfüllt, ihm war das Wohl seiner Diözese sein Einzig und sein Alles. Wer erinnert sich nicht gerne des liebfreundlichen Bischofs, wie er in der Allee zu Regensburg, fast immer umgeben von seinen ihn liebenden Kapitularen, zunächst von dem edlen Diepenbrock, spazieren ging, von Jedermann ehrerbietig gegrüßt, und hinwiederum Jedermann freundlich grüßend, — ein schönes Bild eines guten Hirten! Franz Xaver von Schwäbl starb am 12. Juli 1841 nach langem Leiden und an gänzlicher Erschöpfung der Kräfte im 63. Lebensjahre, — sein Andenken, es wird gewiß ein gesegnetes bleiben. In Eduard von Schenk und Franz Xaver von Schwäbl war also der Entschluß gereift, ein weibliches klösterliches Erziehungs-Institut in das Leben treten zu lassen, und alsbald einigten sie sich in der Wahl des Ordens, welcher diese Anstalt übernehmen sollte, — der Frauen Salesianerinen von der Heimsuchung Mariä, indem Bischof von Schwäbl als vormaliger Domkapitular zu München mehrere Jahre hindurch Visitator eines Klosters dieses Ordens zu Indersdorf, — später zu Dietramszell, und hier den Geist dieses Ordens kennen und schätzen lernte, sich auch stets dem Kloster sehr geneigt zeigte, während der Präsident von Schenk jenes Kloster gleichfalls kennen gelernt hatte und eine persönliche große Verehrung gegen den heiligen Franz von Sales, den Stifter des Ordens, hegte. Bestand nun über die Wahl des Ordens kein Zweifel mehr, so galt es zunächst, ein Gebäude für Aufnahme der Salesianerinen und für das denfelben zu übergebende Institut zu erwerben. Präsident von Schenk hatte zunächst das ehemalige Kloster St. Magn zu Stadtamhof, in welchem sich dermalen das Landgericht befindet, und schon damals befand, in's Auge gefaßt, und sollte hiernach das Landgericht in ein anderes Gebäude verlegt werden, welch' letzteres auch für diesen Zweck angekauft wurde, und nachher, als der gefaßte Plan gleichwohl nicht zur Ausführung gelangte, der Stadtgemeinde Stadtamhof zum Eigenthume verblieb, welche dasselbe auch angekauft hatte. Während diese Entwürfe gemacht wurden und zur Reife gedeihen sollten, hatte Präsident von Schenk als Reichsrath in der ersten Kammer des versammelten Landtages zu München zu erscheinen. Bei diesem seinen Aufenthalte in der Residenzstadt theilte er das ganze Vorhaben einer vorzüglichen Freundin und Sr. Agregée des Ordens, dem Fräulein van der Branden mit, welches von inniger Frömmigkeit erfüllt, hierüber hoch erfreut war, und sich beeilte, die interessante Neuigkeit dem Kloster der Salesianerinen zu Wien mitzutheilen, woselbst sich die Sr. M. Ottilia befand, welche schon im Jahre 1828, als Begleiterin der damals vom Wiener Kloster erwählten Oberin, Sr. Maria Regis Hagg, nach Indersdorf gekommen war, später den Umzug nach Dietramszell mitgemacht hatte, und nach dem Tode jener Oberin nach Umfluß von sechs Jahren im Jahre 1834 wieder in ihr Profeßhaus nach Wien zurückgekehrt war, welche denn auch an dem Vorhaben der Errichtung eines zweiten Klosters dieses Ordens in dem ihr lieb gewordenen Bayerlande, wie dieß von Eduard v. Schenk und Franz Xaver v. Schwäbl beantragt war, den lebhaftesten Antheil nahm. Schon um die Zeit der Monate März und April 1837 gelangten sowohl vom Bischofe v. Schwäbl als vom Präsidenten v. Schenk Mittheilungen an Sr. M. Ottilia nach Wien, in welchen sie nebst einer oder mehreren Schwestern zur neuen Mitstiftung, gemeinschaftlich mit Dietramszell, wohin gleiches Begehren erging, veranlaßt wurde. Beide

Klöster, Wien und Dietramszell, boten bereitwillig ihre Beihilfe an, nachdem einige entgegengestandene Schwierigkeiten vorerst waren beseitiget worden.

Im Wiener Kloster lebte damals als Pensionaire retirée und Soeur Agregée eine sehr fromme und liebenswürdige Fürstin, Ernestine Herzogin von Arenberg, welche das Kloster und die Klosterfrauen herzlich liebte, in Gemeinschaft mit ihnen lebte, denselben zahlreiche Wohlthaten erwies und auch erst im Jahre 1836 eine Summe von 30,000 fl. auf sechs Stiftsplätze für das Pensionat dem Kloster schenkungsweise zugewendet hatte. An diese edle Fürstin richtete Sr. M. Ottilia die vertrauensvolle Bitte um einen Beitrag zur beabsichtigten Gründung des neuen Klosters, und das Vertrauen war kein vergebliches, es ward Gewährung der gestellten Bitte zugesichert. Der Vater der jungen Fürstin, welcher damals in Padua war, ließ aber in diesem Falle die Freigebigkeit dieser seiner Tochter auf sich selbst beschränkt, daher letztere, welche erst vor wenigen Jahren das Kloster der Salesianerinen zu Gleink zum Zwecke eines Chorbaues mit einer Gabe bedacht hatte, für den Augenblick nur über Weniges disponiren konnte, welches sie unserem neu zu gründenden Kloster zuwandte, während sie in ihrer letztwilligen Verfügung demselben ein größeres Legat aussetzte, das auch dem Kloster zugefallen ist. Das Wiener Kloster und eine Schwester der Sr. M. Ottilia spendeten gleichfalls Unterstützung in Geld; die Reise der beiden Schwestern aber und andere unvermeidliche Ausgaben lassen gleichwohl das erste Vermögen unseres im Entstehen begriffenen Klosters als ein nur unansehnliches erscheinen.

Wie erwähnt, wurden die beiden Klöster Dietramszell und Wien um wenigstens je zwei Mitglieder und eine Laienschwester ersucht, und das erwähnte Gebäude zu St. Magn als Klostergebäude bestimmt, der ehemalige Schulfond Nôtre Dame aber im Betrage zu 50,000 fl. als Stiftungs-Capital in Ausficht genommen, welches dem neu zu gründenden Kloster unter der Bedingung zufallen soll, daß dasselbe die in Stadtamhof bestehende Mädchenschule übernehme. In dieser Weise ward der Stiftungsplan vom kgl. Regierungspräsidenten von Schenk Sr. Majestät dem Könige Ludwig vorgelegt und allerhöchsten Orts genehmigt.

Für das neu zu gründende Kloster wurden aber aus dem Kloster Dietramszell gewählt Sr. Maria Aloysia Lehmer als Oberin, Sr. Maria Regis Dopfer als Assistentin und Obermeisterin des Pensionates, und eine Laienschwester, Sr. Maria Martha Wagenstaller, ferner aus dem Wiener-Kloster Sr. Maria Ottilia Leydenfrost, und Sr. Maria Peregrina Fischer, welch' letztere aber späterhin nach Romans in Frankreich und später nach Ger in das dortige Kloster der Salesianerinen abberufen wurde, wo sie am 15. Oktober 1863 in einem Alter von 74 Jahren verstarb.

Die genannten beiden Schwestern aus dem Wiener Kloster kamen zu Anfang des Monates Dezember 1837 zu Dietramszell an, um sich der gewählten Oberin und ihren Mitschwestern dortselbst anzuschließen, nachdem Seitens Sr. k. k. apostolischen Majestät und des hochwürdigsten Erzbischofes zu Wien die Entsendung jener beiden Schwestern aus Wien nach Bayern huldreich war genehmiget worden, wie denn das erhabene österreichische Kaiserhaus zu allen Zeiten alles Schöne und Gute unterstützt und gefördert hat. Die beiden Schwestern aus dem Wiener Kloster waren nach Dietramszell über Regensburg gereist, und hatten ihr Gepäcke bereits in dem Kloster-Gebäude St. Magn in Stadtamhof untergebracht. Eine nähere Betrachtung dieses Gebäudes hatte sie mit Besorgnissen wegen entsprechender Instandsetzung desselben für seinen Zweck erfüllt, während sie gleichzeitig das dermalige Kloster Pielenhofen besahen, welches ihnen viel mehr für seine Bestimmung geeignet erschien. Sie theilten ihre Bedenken dem hochwürdigsten Bischofe von Schwäbl in Regensburg mit, in dessen Residenz sie während ihres Aufenthaltes in Regensburg Wohnung nahmen. Es war aber in der Sache für den Augenblick Nichts zu thun, als die Fügung Gottes zu erwarten. Es verging eine geraume Zeit, ohne daß ein verlässiges Resultat in Aussicht stand; das Landgericht von Stadtamhof verblieb noch immer in den bisherigen Räumen, welche an und für sich dem Klosterzwecke nicht entsprachen, und so entschlossen sich die beiden Oberinen, nämlich jene von Dietramszell, Sr. Françoise de Sales von Buchstetten, und die Oberin des neu entstehenden Klosters, Sr. Marie Louise Lehmer, in Begleitung der noch bestimmten Schwestern Sr. M. Regis Dopfer und Sr. M. Ottilie Leydenfrost nach Regensburg zu reisen, um an Ort und Stelle zu berathen, was zu thun sei. Sie traten am 6. März 1838 die Reise an, verbrachten mehrere Tage in Stadtamhof, und es wurden durch einen Bauverständigen die genauesten Erhebungen gepflogen, welche zu dem Ergebnisse führten, daß das Gebäude zu St. Magn als Klostergebäude nicht anzunehmen sei, und zwar ebenso wegen der Engfängigkeit der Gebäude, als wegen ihrer ungünstigen Lage in einer ziemlich engen Straße, sowie wegen der Entlegenheit des Gartens und des nothwendigen, sehr kostspieligen Ankaufes der einem Privaten gehörigen Hintergebäude, zu deren Erwerbung die Mittel fehlten, indem Ankauf und die unvermeidlichsten Reparaturen eine den Stiftungsfond weit überschreitende Summe erforderten, während dieser Stiftungsfond selbst gar nicht angegriffen werden soll, vielmehr über den Capitalbestand alljährlich der kgl. Regierung Rechnung zu legen ist. Das neu zu gründende Kloster erhielt nachhin wohl nur das Drittheil jenes Stiftungsfondes, aber auch dieses soll dem ursprünglichen Fonde wieder zufallen, wenn das Kloster wieder aufgehoben werden sollte. Auch die beabsichtigte Uebernahme der Volksschule zu Stadtamhof in das Gebäude zu St. Magn schien unthunlich, ebensowenig war die Errichtung eines Pensionats daselbst zulässig, sowie die Clausur offenbar nur schwer uub mit vielen Hindernissen hätte bestehen können. So mußte denn der Plan, in St. Magn ein Kloster der Salesianerinen zu errichten, aufgegeben werden, und es wurde nun Pielenhofen in das Auge gefaßt.

Das so schön gelegene Kloster Pielenhofen fand sofort den Beifall Derer, welche es besichtigten. Alles daselbst ward zweckmäßig und geeignet befunden. Wir wissen, daß Kloster Pielenhofen ursprünglich ein Frauenkloster Cisterzienser-Ordens war, späterhin von Klostergeistlichen desselben Ordens als ein Priorat von Kaisheim bewohnt wurde, während es in letzter Zeit den centralisirten Karmelitinen von Neuburg und München zum Aufenthalte angewiesen worden war, wovon, als Pielenhofen an die Salesianerinen übergehen sollte, nur mehr drei Frauen am Leben sich befanden, nämlich die Fr. Priorin Marimiliana von Troment, Fr. Gabriele Hofmann und Fr. Klara Maria Koffler, welche nachher noch einige Zeit bei den Salesianerinen in Pielenhofen lebten, und von welchen die erste am 22. März 1840, die zweite am 7. April 1841 und die letzte am 20. März 1844 verstorben ist. Die Salesianerinen empfingen von diesen Frauen viel Gutes; letztere überließen denselben manche ihrer Bezüge und Habseligkeiten, und haben sohin den Salesianerinen den Beginn ihres Berufes in Pielenhofen erleichtert. Das Klostergebäude daselbst war Eigenthum des Müllermeisters Gschwendtner und jenen Frauen nur die Wohnung in demselben auf Lebzeiten vorbehalten. Es ward um die Summe von 10,000 fl. zum Kaufe angeboten und die beiden Oberinen mit ihren Mitschwestern waren in dem Entschlusse einig, die Bitte zu stellen, daß dieses Gebäude für die neue Stiftung bestimmt werden möge. Präsident von Schenk hatte den ersten Plan mit St. Magn nicht nur lieb gewonnen, sondern auch bereits die königliche Genehmigung hiefür erwirkt. Gleichwohl nahm der edle Mann sofort mit dem Bischofe von Schwäbl von Kloster Pielenhofen Augenschein, und von Schenk, dem es nicht um Beharren auf seinem eigenen ersten Plane, sondern um Förderung der guten Sache zu thun war, hatte sich gleichfalls von der vorzugsweisen Zweckmäßigkeit und von der herrlichen Lage des Klosters Pielenhofen überzeugt, und es ward von ihm das neue Project, die werdende Stiftung in Pielenhofen zu gründen, dem Könige unterbreitet. Die Salesianerinen mußten das Klostergebäude kaufen, erhielten auch nur den dritten Theil des vorerwähnten Schulfondes, weil die Volksschulen zu Stadtamhof fortbestehen mußten; auch ward ihnen die Auflage gemacht, einen oder mehrere Freiplätze im Pensionate zu geben, wozu die Stadtgemeinde Stadtamhof einen Zögling in Vorschlag zu bringen hat, — Bedingungen, welche von den Salesianerinen gerne eingegangen wurden.

Nachdem die Sache auf's Neue in dieser Weise eingeleitet war, reisten die Salesianerinen zurücke nach Dietramszell, wo sie in Ehren und Freuden aufgenommen wurden, — es war am 18. März 1838, am Vorabende des Festes des heiligen Joseph, als sie nach einer mühevollen Reise in Dietramszell ankamen. Am 25. August 1838 — an dem eigenen Allerhöchsten Geburts- und Namensfeste unterzeichnete König Ludwig die Genehmigung des neuen Planes, und am heiligen Schutzengelfeste kam die Kunde hievon nach Dietramszell, und die Salesianerinen betrachteten es als ein günstiges Zeichen, daß sie gerade an dem Ehrentage der Schutzengel, denen sie sich und ihre Sache so oft befohlen, die freudige Nachricht hievon erhielten.

Die zur Uebernahme des neuen Klosters bestimmten fünf Schwestern traten von Dietramszell aus am 15. September 1838 ihre Reise nach ihrem neuen Bestimmungsorte an, begleitet von einer geliebten Freundin und Pensionats-Lehrerin von Dietramszell, Fräulein Widmann, und kamen am 18. Abends in Regensburg an, woselbst sie aber weder den Präsidenten v. Schenk, noch den Bischof von Schwäbl antrafen, daher sie, um mit diesen Männern die benöthigte Rücksprache nehmen zu können, am 26. nochmals nach Regensburg, aber dießmal von Pielenhofen aus, reisen mußten. Vor ihrer Abreise nach Pielenhofen, am 19. Morgens erfreuten sie sich noch der Gastfreundschaft des Apothekers und Bürgermeisters Willibald Eser zu Stadtamhof, eines biederen, um die Förderung der guten Sache viel verdienten Mannes, eines ächten Patrioten, von dessen Hause aus sie also ihren stillen Einzug nach Kloster Pielenhofen hielten. Nun waren die Klosterfrauen in Pielenhofen, — noch aber hatten sie kein Eigenthum. Endlich am 13. Dezember 1838 ward der Ankauf der Kloster-Hauptgebäude gerichtlich abgeschlossen; im darauffolgenden Jahre ward das Nebengebäude acquirirt. Sofort wurden nach innen und aussen an den Gebäuden die benöthigten Reparaturen vorgenommen, und nachdem Alles möglichst in Ordnung gebracht war, wurde das Fest des heiligen Ordensstifters Franz von Sales als der Tag der feierlichen Einführung der Salesianerinen in Pielenhofen festgesetzt. Seitens der kgl. Regierung zu Regensburg war als Commissär abgeordnet der damalige kgl. Regierungsrath Graf von Fugger, ein Mann von edler Gesinnung, ein Freund des unvergeßlichen Diepenbrock und des damaligen Rectors und Professors am Lyzeum zu Regensburg, des später zu Eichstädt verstorbenen Domdechanten Wagner, eines Mannes, an welchen sich Alle noch recht gerne erinnern, welche dessen gediegenen Character kennen zu lernen so glücklich waren. Als bischöflicher Commissär wohnte der Installationsfeierlichkeit bei der fromme und gelehrte Domcapitular Weigl, ein lebendiges Zeugniß des Geistes und der Wissenschaft der ehemaligen Benediktiner-Abtei Prüfening, welcher derselbe einst angehört hatte. Weigl hielt Hochamt und Predigt, und fand die ganze Feierlichkeit im Presbyterium der Pfarrkirche statt, wohin die Klosterfrauen von der Klosterpforte aus durch die Kirche einzogen, und, dort angelangt, das Laudate im gregorianischen Liede absangen.

Nach dem feierlichen Hochamte fand die Bestätigung des Wahlaktes der Oberin statt, und dieselbe kniete in Mitte des Presbyteriums, später auf der obersten Altarsstufe, woselbst sie aus den Händen des bischöflichen Commissärs die Ordens-Statuten, das Chorbuch und die Clausur-Schlüssel erhielt, und war jede dieser Uebergaben von einer angemessenen Anrede begleitet. Die kirchliche Feierlichkeit dauerte bis nach Mittag, worauf der kgl. Regierungs-Commissär das allerhöchste Rescript, die Stiftung dieses Klosters betreffend, ablas, während der dem Kloster bestimmte geistliche Vater das ganze Haus einweihte. Es ward nämlich vom hochwürdigsten Bischofe als geistlicher Vater dem Kloster gegeben der geistliche Rath und Canonicus zur alten Kapelle in Regensburg, Joseph Emmerich, ein durch Frömmigkeit und die ausgebreitetsten Kenntnisse ausgezeichneter Mann, hochverdient als Lehrer und Erzieher, Verfasser mehrerer heute noch geachteter Schriften, — viel zu frühe verstorben am 13. Juni 1839, so daß sich das neue Kloster Pielenhofen seines Beistandes nicht lange zu erfreuen hatte.

Der so erhabene Akt der Weihe dieses Ordenshauses, die so innige und allgemeine Freude über das Gelingen der ersehnten Herstellung des Klosters wäre aber nahezu in hohem Grade getrübt worden, wenn nicht die göttliche Vorsehung schützend über dem Hause gewacht hätte. Bei dem Eintritte in das Zimmer der Oberin quoll dem geistlichen Vater ein dichter Rauch entgegen. Es wurde sofort der Fußboden aufgerissen, unter welchem das Feuer empor loberte. Das untere Gebälke, nahe bei dem Ofen, war unzweifelhaft durch ein zunächst befindliches eisernes Rohr in Brand gerathen, welches von dem Ofen des Sprechzimmers, welcher gerade unterhalb ist, herauf geht, und durch dessen starke Heizung Feuer fing. Wackere Männer von Pielenhofen, darunter der Bräuereibesitzer, dann der Nachbar des Klosters, Röbl mit seinem Sohne und der Hafnermeister Steiner kamen schnell und thätig zu Hilfe, und so ward das Feuer bald und glücklich gelöscht, und der Schaden war kein nennenswerther.

Nun waren die Salesianerinen Eigenthümerinen des Klosters, — aber ihre Existenz war noch nicht gesichert. Hier leistete das Kloster Dietramszell die nachhaltigste Beihilfe. Dasselbe hatte schon bei der Abreise der Schwestern von Dietramszell nach Pielenhofen Geldhilfe gespendet, wodurch die Vornahme der nothwendigsten Reparaturen in Pielenhofen ermöglichet wurde, und wovon die Klosterfrauen vorerst ihre Lebsucht bezogen. Alsbald nach Einführung derselben in Pielenhofen ward zum Baue eines Chores in der Klosterkirche geschritten, wozu wieder von Dietramszell Geldhilfe floß, so wie von dort reichliche Unterstützung mit Einrichtungsgegenständen aller Art gewährt wurde.

Der Chorbau verursachte viele Schwierigkeiten und konnte erst bis zum Feste der heiligen Ordensstifterin verwendet werden, an dessen Vorabende der Chor unmittelbar vor der Vesper eingeweihet wurde. Am Feste selbst wurden drei Novizinen im Chore eingekleidet, nämlich Sr. Maria Chantal Sohn, Theresia Augustina Amer und Anna Magdalena Schmidt, die beiden ersteren Chorschwestern, die letztere eine Laienschwester, während die zwei ersten in das Kloster eingetretenen Schwestern noch am Hochaltare der Pfarrkirche das geistliche Kleid erhielten, nämlich am 19. März 1839 die beiden Schwestern Sr. Xaveria Marina Stich und Josepha Cölestine Hager, — eine Chor- und eine Laienschwester, welche die Namen Marina und Cölestina in Folge eines Gelöbnisses der Klosterfrauen zu Pielenhofen zu Ehren der zwei heiligen Jungfrauen und Martyrerinen Marina und Cölestina, deren heilige Leiber auf dem Hochaltare der Pfarrkirche sich befinden, wegen glücklicher Wiedererrichtung des Klosters Pielenhofen erhielten, dagegen diesen beiden Schwestern die weiteren Namen Xaveria und Josepha auf den Wunsch des Bischofes Xaver von Schwäbl und des geistlichen Vaters Joseph Emmerich hin beigelegt wurden. Am 16. Juni desselben Jahres wurde Sr. Maria Salesia Sturm eingekleidet, und legte Sr. Francisca Theresia Kirschner, welche noch in Dietramszell eingekleidet worden war, die heilige Profeß ab, — erstere war Chorschwester, letztere Laienschwester.

Im April des Jahres 1839 kam der erste Beichtvater, Herr Anton Roßmann in das Kloster, welcher aber nur ein Jahr daselbst verblieb, um sodann wieder der pfarrlichen Seelsorge sich zu widmen. Sein Nachfolger war Herr Johann Baptist Brandl, z. Z. Pfarrer in Moosthan, welchem hinwiederum Herr Kastner, z. Z. Dechant und Stadtpfarrer in Sulzbach, gefolgt ist, während als derzeitiger Beichtvater und Religionslehrer in der Erziehungsanstalt der hochw. Herr Andreas Petz wirkt. Die Stelle des unvergeßlichen geistlichen Vaters, des verstorbenen Canonicus Joseph Emmerich ward durch den geistlichen Rath, Domkapitular und Dompfarrer Joh. Bapt. Lemberger in Regensburg eingenommen, welcher als General-Vikar plötzlichen Todes am 20. November 1858 im 66. Lebensjahre verstorben ist, und dessen Andenken nicht nur im Kloster Pielenhofen, sondern in der ganzen, weit ausgedehnten Diözese Regensburg ein gesegnetes ist. Das Wohlwollen, welches Bischof von Schwäbl schon in der Entstehung und in der weiteren Fortbildung dem Kloster Pielenhofen zugewendet hatte, bewahrte demselben auch dessen Nachfolger, der hochwürdigste Bischof Valentin von Riebel, welcher recht gerne zu Pielenhofen verweilte. Valentin von Riebel war als Bischof von Regensburg feierlich eingeführt worden am 17. April 1842 und starb am 6. November 1857, betrauert von seinen Diözesanen, denen er das hehre Beispiel eines innig frommen, unter allen Verhältnissen überzeugungstreuen Bischofes, eines wahrhaft guten Hirten, eines seinen Heiland nachahmenden großen Dulders gewesen ist.

Am 12. Mai 1842 wurde die würdige Mutter, Sr. M. Aloysia Lehmer, nach Umfluß der ersten drei Jahre zur Freude aller Ordensmitglieder und zum Segen des Hauses einstimmig als Oberin wieder gewählt, dagegen am 8. Juni 1843 die Sr. Assistentin und Obermeisterin des Pensionats nach eifrigem und ersprießlichem Wirken zu Pielenhofen in ihr Kloster Dietramszell zurückkehrte, woselbst sie als Oberin erwählt ward.

Am 3. April 1839, am Osterdienstage, wurde in unserem Kloster das Pensionat mit drei Zöglingen eröffnet, Josephine Eser, Tochter des Apothekers und Bürgermeisters Willibald Eser zu Stadtamhof, und Eleonore und Elise von Haller, Töchter des damaligen kgl. Revierförsters Freiherrn von Haller zu Pielenhofen. Das Pensionat zählte im ersten Jahre 8, im zweiten Jahre 16 Zöglinge, und so mehrte sich bis zur Stunde deren Zahl mit jedem Jahre, und kann das Mühen und die Sorgfalt, mit welcher sich die Klosterfrauen der Erziehung und dem Unterrichte widmen, bei allen Gutgesinnten nur die vollste Anerkennung finden, wie denn auch Eltern und Zöglinge, denen an einer wahrhaft christlichen Bildung ernstlich gelegen ist, und welche die Aufgabe des klösterlichen Institutes zu erfassen wissen, gewiß den Aufenthalt in Kloster Pielenhofen zu den schönsten Erinnerungen des Lebens zählen. Die kgl. Regierung der Oberpfalz und von Regensburg hat dem Erziehungsinstitute und mit ihm dem Kloster selbst stets eine wohlwollende Gesinnung zugewendet, und der Landrath des Regierungsbezirkes, unter dem Präsidium des trefflichen Grafen Herrn Eduard von Walderdorff, welcher in ächt adeliger Gesinnung überall Religion und Recht schützt und vertritt, hat in richtiger Erkenntniß der Wichtigkeit eines solchen Institutes stets gerne aus Kreismitteln Zuschüsse gewährt.

Im Mai des Jahres 1844 ward der Bau eines neuen Chores im Kreuzgärtchen begonnen, wozu am 30. April, als am Feste der heiligen Katharina von Siena, von der würdigen Mutter war der Grundstein gelegt worden. Zugleich ward angefangen, den alten Chor als Kirchlein herzurichten, es warb der obere Gang durchgeschlagen, und wurden aus demselben das Gewölbe und die Oratorien gebildet, und so entstand die dermalige Klosterkirche. Im Jahre 1843 hatten die Klosterfrauen auch die andere Hälfte des Nebengebäudes mit Hofraum und Stallung nebst dem der Pforte gegenüber liegenden Garten käuflich erworben, es wurde aus dem ehemaligen Kuhstalle im Klostergarten eine Kapelle zu Ehren des heiligen Joseph und aller lieben Heiligen eingerichtet, und nahmen alle diese Bauten nebst einigen Reparaturen die Zeit bis zum 12. Oktober in Anspruch. Der hochwürdigste Bischof wünschte die Kirchweihe am Feste der heiligen Stifterin vorzunehmen. Am Vorabende des Festes wurde der Chor vom Klosterbeichtvater geweiht.

Die Kirchweihe wurde feierlich begangen. Der hochwürdigste Bischof nahm die Ceremonien der Weihe vor, welche bis gegen Mittag währten, dann hielt er eine Anrede und das Hochamt, wobei die Dom-Musik in trefflicher Weise mitwirkte. Das Kloster war nach außen und innen mit Kränzen und Laub geschmückt, und im Speisesaale war ein Transparent angebracht, welches den guten Hirten, das bischöfliche Wappen, und darunter Kloster Pielenhofen darstellte, und die Inschrift zeigte: „Heute ist diesem Hause Heil widerfahren." Es war ein schönes, dem Kloster unvergeßliches Fest, welches mit einer musikalischen Litanei und dem von dem geistlichen Vater abgehaltenen Segen schloß, worauf der Bischof nochmals die Klostergemeinde besuchte, Bilder vertheilte, und sodann den Rückweg nach Regensburg antrat, mit sich nehmend den heißen Dank des Klosters, welchem er diesen Ehrentag bereitet hatte.

Am 16. Juni 1839 wurde durch den geistlichen Vater die Kapelle im Gemeindezimmer, und am 2. Juli 1845, als am Feste der Heimsuchung Mariä, wurde durch denselben der Kirchhof im Garten eingeweiht, sodann die Garten-Kapelle, und endlich im Mai 1847 wurde die Orgel im Klosterkirchlein aufgesetzt, und ertönte zum ersten Male am heiligen Pfingstfeste.

So hat sich Kloster Pielenhofen im Laufe der Jahre bis heute mehr und mehr nach Innen und Außen gehoben und gefestiget, es blühte und gedieh unter dem Allerhöchsten Schutze des allgeliebten und gerechten, unvergeßlichen Königs Maximilian II. Majestät, und Hunderte von Eltern und Töchtern gedenken dankbar Seiner Regierung, welche die Erziehung der Jugend in dem Institute des Klosters Pielenhofen so wohlwollend förderte, und dieser Dank und dieses Vertrauen bestehen gleich lebendig fort gegen unseren heißgeliebten jugendlichen König Ludwig II. Majestät, welchen Gott seinem treuen Bayervolke viele, viele Jahre erhalten möge!

Wir finden in dem Buche: „Das Leben der heiligen Mutter Johanna Franziska Fremiot von Chantal, Stifterin des Ordens von der Heimsuchung Mariä, Band I. Wien 1844 S. 71" den Geist dieser Jugenderziehung der Salesianerinnen in folgenden Worten treffend geschildert: „Die Erziehung in ihren Häusern ist einfach und bescheiden. Sie sind zumal beflissen, die Sitten der Seele zu bilden. Sie wissen, daß das gesellschaftliche Leben nicht blos in der Auszeichnung eines gebildeten Geistes, oder in dem Vorzug eines liebenswürdigen Talentes besteht. Sie gründen vor Allem die Tugend auf den Glauben und lassen es sich angelegen sein, ihre jungen Zöglinge zu einer Frömmigkeit zu bilden, die so fest als freundlich und zugleich erleuchtet und weise ist, und die Anständigkeit mit den Pflichten vereint. Sie sind sorgsam, einen Unterricht ihnen zu ertheilen, der keine traurigen, grausamen und unfruchtbaren Dissonanzen in der Familie hervorbringt; denn die Familien, die ihnen Kinder anvertrauen, fordern besonders, daß sie solche zu guten, christlichen Müttern vorbereiten, und ihren Zöglingen jene freundlichen und liebreichen Gewohnheiten anbilden, die der Liebreiz und das Glück des häuslichen Lebens sind. Nirgends ließe sich eine zärtlichere Fürsorge, eine mütterlichere Sorgfalt und zugleich eine größere Aufmerksamkeit finden, die glücklichen Anlagen der Natur auszubilden, sowie die Fehler des Gemüthes zu bessern."

In diesem herrlichen Geiste wirken denn auch die Salesianerinnen im Kloster Pielenhofen seit dem Bestehen des Institutes daselbst. Die erste Aufnahme der Zöglinge fand, wie schon erwähnt, im April des Jahres 1839 statt, und die geringe Zahl derselben in den ersten Jahren mehrte sich fortwährend, so daß im Durchschnitte bis zum Jahre 1863 jährlich 38 bis 44 Zöglinge aus allen Ständen, aus adeligen, Beamten- und Bürgerfamilien dem Institute angehörten und noch angehören.

Es soll hier noch erwähnt sein, was im Kalender für katholische Christen für das Jahr 1861 bezüglich unseres Erziehungsinstitutes gesagt ist:

„Man sieht es diesen frischen, frohen Kindern wahrlich nicht an, daß eine Kloster-Erziehung drückend auf den Geist, wie auf das Gemüth der Kinder wirke. Welch ungezwungene Heiterkeit, welch kindlichen Frohsinn nehmen wir da wahr! Wollte aber vielleicht Jemand der Ansicht sein, diese frohe Stimmung dürfe sich nur äußern, wenn sich glücklich die Klosterpforte hinter ihrem Rücken geschlossen, der beliebe nur, zur Zeit der Recreation in der Nähe des Klostergartens zu lustwandeln, wo dann die Zöglinge in Mitten ihrer geliebten Lehrerinnen sich befinden, und wahrlich! wenn seine Gehörnerven nicht gänzlich erstorben sind, er wird von seinem Wahne geheilt werden. Aber auch in scientiver Hinsicht dürfte dieses Institut jeden Vergleich mit anderen ähnlichen Instituten wacker aushalten. Der Unterricht in der französischen, englischen und italienischen Sprache wird von Klosterschwestern ertheilt, welche die Länder dieser Sprachen ihre Heimath nennen. Der Elementar-, Musik- und Zeichnungs-Unterricht ist gleichfalls erprobten Schwestern übergeben."

Zur Zeit steht dem Kloster der Salesianerinen zu Pielenhofen als Oberin vor Sr. Johanna Hauck, während als Lehrerinen mit dem besten Erfolge und voll des unverdrossensten Eifers die Chorschwestern Sr. M. Agnes Schifferl, M. Pauline Faltermair, M. Alphonsa Pfab, Aloisia Kostka Brandl, M. Peronna Mayer, M. Regis Huet, M. Josepha von Peritzhoff, M. Mechtildis Winkler und M. Ignatia Gangkofner, Sr. M. Gertrude Mosel und M. Crucifixa John (aus Head-Kent in England) wirken. Ausser diesen befinden sich als Chorschwestern im Kloster Ignatia Valentina März, Maria Chantal Sohn, Maria Salesia Sturm, Ludovica Theresia Reichardt, Aloisia Borgias Höfler, Margarita Seraphina Aschenbrenner, Franziska Salesia Egger, M. Stanislaus Mathulik, Josepha Antonia Steinmetz, Aloysia Philomene Denk, Maria Maximiliana Hochhauser und Aloysia Katharina Damböck. Im Schematismus der Diözese Regensburg für 1863 sind ausserdem noch eine Chornovizin und acht Laienschwestern aufgeführt, wozu noch zwei Windenschwestern zu zählen kommen, so daß die Klostergemeinde Pielenhofen als eine sehr zahlreiche erscheint. Der dermalige geistliche Vater ist der geistliche Rath und Domkapitular Herr Dr. Amberger in Regensburg.

Schwere Verluste hat das Kloster durch mehrfache Todesfälle erlitten, indem am 25. Mai 1847 die Chorschwestern Alphonse Marie Wein, am 24. Februar 1851 die Chorschwester Xavier Marina Stich, am 23. August 1851 Schwester Louise Kostka Aschenbrenner, am 30. April 1853 Sr. M. Odile Leydenfrost, am 14. August 1853 Sr. M. Benigne Grimm, am 20. November 1860 Sr. Jeanette Caroline de Sprety und am 11. März 1862 Sr. M. Angélique Braben verstarben.

Die bisher dem Kloster Pielenhofen angehörige M. Louise Lehmer, die mehrjährige verdienstvolle Oberin, wurde im Jahre 1863 mit den Schwestern Aloisia Raphaela Ingruber, M. Xaveria Finke und der Laienschwester M. Ottilia Greiner ausersehen, eine neue Pflanzschule des Ordens zu gründen, die bereits unter Gottes Segen zu gedeihen beginnt.

Der gegenwärtige hochwürdigste Herr Bischof von Regensburg, Dr Ignatius von Senestrey, welcher am 2. Mai 1858 in der hohen Cathedrale zu Regensburg feierlich consecrirt und inthronisirt wurde, läßt dem Kloster Pielenhofen seinen oberhirtlichen Schutz in der wohlwollendsten Weise angedeihen, und wendet dem Erziehungsinstitute die väterlichste Sorgfalt zu.

So erfreut sich unser Kloster Pielenhofen der Aufmerksamkeit und Gunst der weltlichen und geistlichen Stellen, Hunderte von Eltern und Zöglingen gedenken in Liebe und Dankbarkeit desselben, und zählt das Kloster viele edle Männer und Frauen in Bayern und über Bayerns Grenzen hinaus zu seinen Gönnern und Freunden, — aber alle diese menschlichen Gunstbezeugungen erhalten erst ihre wahre dauernde Bekräftigung in dem Segen von Oben. Dieser himmlische Segen hat seit dem Wiedererstehen des Klosters sichtbar auf demselben geruht; ein kleiner, armer Anfang hat ein rasches Aufblühen, eine glückliche Entwickelung gefunden, und selbst die kühnsten Hoffnungen sind übertroffen worden. Und wenn doch noch Manches zur Befestigung der Vermögensverhältnisse, zur besseren Sicherung der Existenz des Klosters und des Erziehungsinstitutes zu wünschen übrig bleibt, so wird das Auge Gottes auch fürderhin über Pielenhofen wachen, und den rastlosen Bemühungen der Salesianerinen um Förderung des Guten, um eine möglichst vollkommene Erziehung der ihnen anvertrauten Zöglinge wird auch fernerhin der Schutz und das Wohlwollen der weltlichen und geistlichen Stellen kräftig zur Seite stehen.

So möge denn für und für der Segen Gottes über diesem Kloster ruhen, möge es, wie unserer Zeit, so allen kommenden Geschlechtern ein Zeugniß sein, daß eine religiöse Erziehung die Grundlage eines glücklichen Familienlebens ist, an dessen Früchten die Gemeinde wie die Gesammtheit des Staates gleichmäßigen gedeihlichen Antheil haben!